KB076089

자 살
폭 탄
테 러

ON SUICIDE BOMBING

ON SUICIDE BOMBING

테러 · 전쟁 · 죽음에 관한 인류학자의 질문

탈랄 아사드 지음

김정아 옮김

창비

차
례

들어가며

　2001년 9월 11일, 뉴욕 시민 대부분이 그 사건을 접한 것
은 대중매체를 통해서였다. 로어맨해튼에 드리워진 자욱
한 연기를 통해서였고, 평범한 미국인들의 말과 행동에 묻
어나는 감정 상태를 통해서였다. 나도 마찬가지였다. 미국
에 사는 많은 무슬림에게 9월 11일은 긴 불안의 시기가 시
작되는 날이었다. 그날 이후 그들은 자신들과 테러 사이에
대략 암묵적인 연상관계가 있음을 깨달았다.[1] 미국·서유
럽·이스라엘의 많은 비(非)무슬림에게 자살테러자는 순
식간에 이슬람 '죽음 문화'의 아이콘이 되었다.[2] 내가 많
은 서방 대중매체에서 '이슬람 테러'로 일컫는, 최근의 폭
력양식에 대한 논의를 구상한 것은 그래서였다. 우선 나는
질문을 던졌다. 종교를 동기로 삼는 테러라는 것이 과연

존재할까? 만약 그렇다면, 그것은 다른 잔학 행위와는 어떻게 다를까? 종교적 이유로 죽이고자 하는 것은 그냥 죽이고자 하는 것과 어떻게 다를까? 이것이 집단폭력이라면 다른 형태의 집단폭력과는 어떻게 다를까? 자기와 다른 사람들을 함께 죽음으로 몰아넣는다는 자살테러자의 이미지가 기독교도나 포스트기독교도에게는 어떻게 받아들여질까? 이런 질문들의 원동력은 윤리적 우려가 아니라 개념적·물질적 측면의 여러 요인들의 상관관계에 대한 호기심이었다. 자살테러의 구태의연함과 경악스러움에 대해 생각하는 일은 나에게 죽는다는 것과 죽인다는 것에 대한 몇몇 근대적 가정들을 검토하는 한 방법이었다. 윤리적으로 좋은 살상과 나쁜 살상을 구별하려는 우리의 노력은 언제나 모순에 봉착한다는 것, 그리고 그 모순은 여전히 우리 근대 주체의 취약점이라는 것이 이 책의 전반적 기조다.

이 책에서 논의의 초점은 미국과 이스라엘이다. 물론 테러가 미국과 이스라엘에서만 발생하는 것은 아니다. 테러는 스리랑카·인도·인도네시아·러시아, 그밖에 수많은 나라에서 발생한다. 미국의 경우 예전부터 토종의 제도권 테러가 정착되어 있는 것도 사실이다. 단, 요새 사람들이 테러를 말할 때 이런 유의 테러를 염두에 두지는 않는다.[3] 테러와의 전쟁이라는 개념을 독특하게 개진하고 공표하는 곳이 바로 미국이고, 테러 관련 이론과 정당한 전쟁 관련

이론을 대부분 만들어내는 곳도 바로 미국, 그리고 유럽과 이스라엘이다. 테러를 이 시대 특유의 현상으로 보고 그 현상을 전체적으로 개괄하거나 그 현상의 대표적 사례를 개괄하는 것은 나의 관심사가 아니다. 나의 관심은 테러 개념과 테러 행위가 이 불평등한 세계와 연동하는 군사행동의 한 국면이자, 어떤 것이 잔인한 범죄이고 어떤 것이 불가피한 조치인지에 대한 우리 관념의 한 국면이자, 어떤 인명 살상 조치는 옹호하고 어떤 인명 살상 조치는 규탄하는 우리 감정 상태의 한 국면이라는 사실을 논증하는 것이다.

이 책의 구조는 단순하다. 1장에서는 현대 이슬람 지하디즘이 현대 테러의 근간이라는 주장을 펼치는 '문명 간 충돌' 테제를 검토한 후, 문명이 자족적으로 존재하며 각 문명에 고정된 가치가 있다고 가정하는 유의 역사를 비판할 것이다. 아울러 정당한 전쟁과 테러를 구별 지으려 하는 한 저명한 철학자의 논의를 검토한 후, 테러에 관한 공론이 유독 많이 양산되는 이유를 추리할 것이다. 근대사회에서 테러는 어떤 인식의 대상이다. 테러 관련 이론이 요청되기도 하고(테러란 무엇인가?), 테러 관련 정보가 요청되기도 한다(이 위험을 막으려면 어떤 조치가 필요한가?). 이론화해야 한다는 과제와 실무적 정보를 수집해야 한다는 과제는 상호 의존한다. 하지만 테러는 단순한 인식의 대상 그 이상이기도 하다. 자유주의적 주체는 테러를 비근대적·비자유주의적 문화의 일부로 일축하지만, 사실 테러라는 것은 바로 그 자유주의적 주체(테러 정치를 타파하려 하고, 사회의 취약성을 우려하며, 죽음과 파괴에 경악하면서도 현혹되는 주체)를 구성하는 필수요소다. 2장에서는 자살테러를 설명하겠다고 자처하는 여러 최근 논의들을 비판적으로 검토한 후, 이런 논의들이 자살테러자 특유의 동기(표면적 살해 의도와는 다른 무언가)를 규명하는 일에 집착하는 데에 이의를 제기할 것이다. 일반적으로 동기란 사람들이 보통 생각하는 것보다 복잡하다. 동기를 규명하는 것이 진실을 밝히는 것이라는 가정은 옳지 않다. 특히 자살테러자의 동기는 우리의 대응을 정당화해주는, 그러나 우리가 입증하기는 불가능한 픽션일 수밖에 없다. 계속해서 2장에서는 자살테러라는 현상을 설명하며 이 현상을 정치와 관련된 죽음과 죽임의 문제로 확대 해석하는 논자들로부터 거리를 둘 것이다. 개념사를 끌어오는 대목에서는 자유주의적 사고방식이 아무리 폭력 개념과 정치 개념을 분리시킨다고 해도 살상 폭력이 자유주의라는 정치체를 구성하는 필수요소라는 사실은 변하지 않는다는 점을 강조할 것이다. 이어서 좀더 중요한 대목에서는 적법한 폭력 ─ 자유민주주의 국가를 포함한 근대 진보주의 국가가 무대가 되거나 주체가 되는 폭력 ─ 에는 테러범의 폭력에서 찾아볼 수 없는 유별난 특징, 곧 잔혹과 연민이 결합돼 있다는 점을 지적할 것이다. 단, 테러범의 폭력에서 이런 특징을 찾아볼 수 없는 것은 테러범이 고결하기 때문이 아니라, 정교한 사회제도가 잔혹과 연민을 결합하고 그 결합을 더 심화할 수 있는 힘이 있기 때문이다. 3장과 에필로그에서는 자살을 대하는, 특히 자살테러를 대하는 일반적 대응으로서의 경악 개념을 살펴볼 것이다. 한편으로는 인류학적 저술을 통해 경악이 사회적·개인적 자기동일성의 붕괴, 나아가 형태의 소멸과 관련돼 있다는 생각을 정리할 것이다. 다른 한편으로는 기독교 신학의 몇가지 측면을 검토할 것이다. 여기에는 '십자가형'이 역사상 가장 유명한 자살이라는 측면, 기독교 신학이 이때의 경악을 보편적 인류의 구원 기획으로 번역해낸다는 측면, 여기서도 잔혹과 연민이 결합되는 측면 등이 포함될 것이다. 이 대목은 책 전체에서 가장 사변적이지만, 자살테러에 경악한다는 것이 무엇인가라는 질문에 최종적으로 내놓는 중층적 설명에서 핵심이 되는 부분이다.

혹시 있을지 모를 오독을 방지하기 위해 짧게 덧붙이자면, 나는 잔학한 테러를 도덕적으로 옹호할 수도 있다고 말하려는 것이 **아니다**. 다만 근대국가가 전에 없이 수월하게, 전에 없는 큰 규모로 생명을 살상하고 생활을 파괴할 능력이 있는 데 비해 테러범은 그만한 능력이 없다는 사실은 인상적이다. 그 많은 정치가·대중지식인·언론인이 타인의 생명과 존엄을 빼앗는 행위를 도덕적으로 옹호할 때 그 언변이 사뭇 대단하다는 것도 놀라운 점이다. 그들의 유창한 언변을 듣다 보면, 인간의 생명과 존엄을 빼앗는다는 사실 자체가 중요한 것이 아니라, 어떤 방법으로 죽이느냐 무슨 동기에서 죽이느냐가 중요하다는 생각이 들 정도다. 물론 적이라 불리는 이들, 그리고 그밖에 살 자격이 없다고 여겨지는 이들을 죽이는 행위를 옹호하는 사람들은 어느 시대에나 있었다. 오늘날 이 옹호에 가담하는 자유주의자들이 과거 이 옹호에 가담했던 사람들과 차이가 있다면 그것은 자기들이 도덕적으로 진보했으므로 그들과는 차이가 있다고 생각한다는 점 하나밖에 없다. 차이가 있다는 생각이 실제로 차이를 만들어낸다면 그것은 그 생각이 모종의 사회적 결과를 낳기 때문이다. 만인에게 자기를 방어할 절대적 권리가 있다는 생각이 자유주의적 사유의 출발점이지만, 그 방어 개념에 상당한 해석의 여지가 있다는 점 또한 자유주의자들은 잘 알고 있다. 예컨대 이라크에서 미 점령군과 반군은 양쪽 다 자유와 해방을 위해 싸우는 방어군을 자처한다. 많은 자유주의자들은 악을 공격함으로써 스스로를 구하는 것, 그리고 스스로를 구할 수 없는 다른 사람들을 구하는 것이 인간의 도덕적 의무라고 믿는다. 자유주의자들이 악을 상정하는 것은 마니교·조로아스터교와 마찬가지이지만, 악이란 세계를 굴러가게 하는 본질적 원리 중 하나라고 가르치는 마니교·조로아스터교와는 다르게, 자유주의자들은 악이란 신의 의지를 거스르는 그 무엇, 따라서 세계에서 아예 제거할 수 있는 그 무엇이라고 본다. 그들에게는 신의 의지를 거스르는 것 자체가 악이고, 악과 싸워 이기는 것, 무슨 대가를 치르더라도 악과 싸워 이기는 것이 모든 선한 사람들에게 주어진 의무다. (기독교 신앙에 따르면, 그리스도가 십자가에 못 박힌 것은 악과 싸워 이기는 데 필요한 대가, 다시 말해 신이 세상과 화해하는 데 필요한 대가였다.)[4] 물론 악과 싸운다는 것은 낡은 논리지만, 지금도 이런 전쟁 옹호론이 새로운 표현으로 무장해 종종 등장한다. 현대 세계를 그저 기독교의 한 국면으로 보겠다는 것은 아니다. 실제로 현대를 기독교의 연속으로 보는 사람이 많은데, 내가 볼 때 세속적 모더니티와 그 과거 사이에는 연속성이 존재하는 것 이상으로 결정적인 단절들이 존재한다.

끝으로, 이 책은 제도권 폭력이라는 도덕적 딜레마에 대한 해법을 제시하는 책이 아니다. 어떤 잔혹 행위는 받아들여야 하고 어떤 잔혹 행위는 받아들여서는 안 된다고 주장하는 책도 아니다. 이 책이 바라는 바는 오히려 독자가 테러, 전쟁, 자살테러에 대한 도덕적 대응을 한데 묶어 내보내는 무사안일한 여론을 멀리할 수 있도록 독자의 마음에 번민을 불러일으키는 것이다.

—

이 책의 본론은 2006년 5월 15~17일 캘리포니아대학 어바인칼리지 웰렉(Wellek)도서관 강의가 기반이 되었다. 나를 강의자로 초청해준 비판이론연구소, 질문과 논평을 던져준 청중, 특히 연구소장으로서 호의를 베풀어준 존 H. 스미스(John H. Smith)에게 감사한다. 연구소의 다른 연구원들, 특히 나를 환대해준 가브리엘라 슈워브(Gabriela Schwab), 인더팔 그레월(Inderpal Grewal), 빌 마우러(Bill Maurer)에게 감사한다. 후세인 아그라마(Hussein Agrama), 파르타 채터지(Partha Chatterjee), 비나 다스(Veena Das), 마리아 피아 디 벨라(Maria Pia Di Bella), 아부 파먼(Abou Farman), 제프리 골드파브(Jeffrey Goldfarb), 바버 요한센(Baber Johansen), 마흐무드 맘다니(Mahmood Mamdani), 토마시 마스트나크(Tomaz Mastnak), 키스 닐드(Keith Nield), 걈 판데이(Gyan Pandey), 데이비드 스콧(David Scott), 무함마드 타비샤트(Mohammed Tabishat), 데이비드 월턴(David Wolton)은 내가 글을 수정하는 여러 단계에서 유익한 논평을 던져준 친구·동료들이다. 하지만 이 책의 견해에 책임져야 할 사람은 나뿐이다.

1장

—

테러

세계무역센터와 펜타곤이 공격당한 그날 저녁, 부시 대통령은 대국민 담화를 발표했다.

안녕하십니까. 오늘, 우리의 동료 시민, 우리의 생활형태, 우리의 자유 자체를 공격하는 일련의 계획적 **테러 행위**가 있었습니다. 희생당한 것은 비행기에 탔던 사람들, 사무실에 있던 사람들이었습니다. 비서로 일하는 사람, 사업하는 사람, 군사업무·연방업무를 담당하는 사람이었습니다. 엄마·아빠였고, 친구였고, 이웃이었습니다. 수천명의 목숨을 순식간에 앗아간 것은 극악무도한 **테러 행위**였습니다. 비행기가 건물을 들이받고 화염이 치솟고 거대한 건물이 무너지는 장면 앞에서 우리는 눈을 의심

했고, 깊이 슬퍼했고, 숙연히 분노했습니다. 그자들은 이 **대량살상 행위**를 통해 우리 국민을 혼란과 공포에 빠뜨리고자 했습니다. 그자들은 실패했습니다. 우리 국민은 강합니다.[1]

다음 날, 미스터 부시는 말을 바꾸었다. "국가안보팀 회의가 지금 막 끝났습니다. 회의에서 최신 정보를 보고받았습니다. 어제의 공격은 **테러 행위 그 이상**이었습니다. 그것은 **전쟁 행위**였습니다. 우리 국민은 불굴의 투지로 단결해야 합니다."[2] 얼마 후, 부시 행정부와 미국 대중매체가 공히 채택한 슬로건은 '테러와의 전쟁'이었다.

많은 논자들이 제기한 질문은 대(對)테러 병력의 배치에 왜 전쟁이라는 용어를 쓰느냐는 것이었다. 알랭 바디우 (Alain Badiou)도 이 용어를 수상하게 여긴 논자들 중 하나였다. 바디우가 굳이 지적하듯, 과거에 정부가 테러, 특히 식민지 테러에 대처할 때 사용한 용어는 전쟁이 아니라 치안이었다. 독일 정부가 바더-마인호프(Baader-Meinhof)에 대처할 때, 영국 정부가 IRA(Irish Republican Army, 아일랜드 공화국군)에 대처할 때, 에스빠냐 정부가 ETA(Euskadi Ta Askatasuna, 자유 조국 바스끄)에 대처할 때, 이딸리아 정부가 붉은 여단(Brigate Rosse)에 대처할 때, 정부가 주로 사용한 용어는 '전쟁'이 아니라 '안보조치' 또는 '치안

활동'이었다. 그런데 미국은 세계 강국으로서의 역량에 근거해 전쟁을 국가 존립의 기호로 삼아온 역사가 있으며, 애초에 미국이라는 정치체가 형성되기까지 북미 대륙 안팎에서 교전을 벌여온 역사가 있다는 것이 바디우의 대답이었다.[3]

그렇지만 나는 반대로 이렇게 질문하고 싶다. 오늘날 미국뿐 아니라 유럽과 이스라엘, 그밖의 지역에서까지 특정 유형의 무력 행사에 '테러'라는 용어가 주로 쓰이는 것은 왜인가? 안과 밖의 차이라는 대답도 있었다. 전에 유럽에서 활동하던 폭력 집단은 국민국가 내부 세력이었고, 따라서 인사이더였던 반면, 현재의 적(무슬림 테러범)은 자유민주주의 국가의 시민 또는 그런 국가 영토 내의 주민이더라도 아웃사이더라는 의미에서다. 이해할 수 있느냐 없느냐의 차이라는 대답도 있었다. 맑스주의자들과 민족주의자들의 폭력은 자유주의자들에게는 괘씸한 만행이었지만, 어쨌든 진보적·세속적 역사의 맥락 안에서 이해 가능한 폭력이었던 반면, 이슬람 집단의 폭력은 모종의 역사적 내러티브, 즉 '올바른' 의미의 역사에 넣어지지 않는 폭력이고 바로 그런 이유로 많은 사람들에게 이해 불가능한 폭력이라는 의미에서다. 실제로 많은 사람들은 이슬람을 민주주의 정치에 적대적인 전체주의적 종교 전통으로 간주하면서, 이슬람 집단의 폭력 또한 단순한 국제적 위협을 넘어서는 비이성적 폭력으로 간주한다.

많은 사람들은 세계무역센터 폭파 사건을 일으킨 주범의 최후진술서에서 이슬람 테마를 보았다. 종교가 사건을 설명하는 개념으로 자주 동원되었고, 이슬람이 테러의 뿌리라고 주장하는 기사와 텔레비전 프로그램이 넘쳐났다. 테러 이면에 지하드(jihād)라는 종교 이데올로기가 버티고 있다는 말을 누구나 한번쯤 듣게 됐고, 대학 교수들과 저널리스트들은 지하드를 이슬람의 성전(聖戰) 개념으로 설명하곤 했다. 영국계 미국인 오리엔탈리스트 버나드 루이스(Bernard Lewis)는 이런 시각을 "문명 간 충돌"이라는 말로 대중화했다. 루이스에 따르면, 이슬람 역사에서 고대 정복기의 지하드는 무슬림이 비(非)무슬림에게 가하는 조직적 폭력으로서, 무슬림 문화 특유의 불관용과 오만의 표현이었다. 그러다가 이슬람 문명이 쇠퇴하고 서방이 승리하면서, 이슬람주의적 폭력이 모더니티를 거부하는 광신적 분한의 출구가 되었다. 루이스를 비롯해 이런 시각을 따르는 많은 논자들은 이슬람 세계에 근본적 개혁이 있기 전까지는 이 지하디즘 시대가 계속될 것이고 아울러 극단적 테러의 위험도 계속되리라고 보았다.

그러나 더 복잡한 이야기를 들춰볼 수도 있다. 문명 간 충돌이라는 인기 드라마로 쉽게 각색될 수 없는 이야기다. 물론 대중논객들은 이런 이야기를 거의 언급하지 않는다.

고대 정복기를 잇는 여러세기 동안 무슬림이 통치한 나라들을 보면 주민 대다수는 계속 기독교도였고, 여러 사회 영역에서 계속 기독교도로서 활동했다. 다시 말해, 무슬림 제국 초기의 사회제도와 사회적 관행은 대부분 무슬림 제국에 정복당한 기독교 집단의 것이었다. 실제로 이슬람 왕국은 여러 결정적인 측면에서 비잔티움의 계승자였고, 지중해 서쪽 역사와 지중해 동쪽 역사는 사상·관습·상품의 교류를 통해 늘 얽혀 있었다. 무슬림 군대가 기독교 영토를 처음 침략했을 당시, 유럽의 기독교도들은 자기네와 무슬림 진영의 전쟁을 거대한 선과 악의 투쟁으로 보지 않았다.[4] 하나의 기독교 세계가 하나의 이슬람과 싸운다는 교황 세력의 이데올로기가 보급된 것은 나중에 십자군전쟁에 이르러서였다. 십자군전쟁은 유럽 기독교도들이 무슬림 영토를 침략한 최초의 사건이었고, 그로부터 몇세기가 흘러 19세기와 20세기 주요 유럽 제국들의 침략은 그 정점이었다. 요컨대, 유럽의 역사와 이슬람의 역사를 완전히 분리하기란 불가능하다.

　이렇듯 기독교도, 유대교도, 무슬림이 지속적으로 상호 차용하고 상호 작용해온 풍요로운 역사를 간과한다는 것도 문명 간 충돌 이야기의 문제점이지만, 진짜 문제점은 좀더 근본적인 곳에 있다. 문명 간 충돌 이야기를 하는 데는 특정 민족이 유럽 민족 아니면 이슬람 민족이라는 규정이 필요하고, 그렇게 특정 민족을 유럽 문명 아니면 이슬람 문명의 상속자로 규정하려면 각 문명의 요소들을 임의로 선택해야 한다. 그런데 특정 민족에 속하는 사람들 대부분은 그렇게 임의로 선택된 각 문명의 요소들에 사실 거의 전적으로 무지하다. 심지어 엘리트계급에 속하는 사람들(자기 문명의 수호자들)도 완전히 정통하지는 않다. 그런데도 이런 식의 규정 때문에 유럽 문명 안에 들어가지 않는 민족들에 대한 차별은 물론, 유럽 문명 안에 들어가는 민족들 사이의 불평등도 정당화된다. 요컨대, 문명 간 충돌 이야기에서는 항상 유럽 문명 아니면 이슬람 문명의 요소들이 임의 선택되고, 이를 통해 특정 민족이 유럽 문명 아니면 이슬람 문명의 상속자로 규정된다. 사회학적으로 표현해보자면, 문명 간 충돌 이야기에서는 민족이 유럽 문명 아니면 이슬람 문명에 속하는 동질적 집단으로 간주되지만, 실제로 민족은 계급·지역·젠더에 따라 고도로 분화되어 있다.

물론 모든 역사는 임의 선택이다. 역사에서 흥미로운 점은 임의 선택이라는 사실 그 자체가 아니라 임의 선택을 통해 무엇을 배제하는가, 임의 선택된 것을 어떻게 해석하는가다. 대중논객들은 기독교가 서양 문명의 핵심이라고도 하고 근대 민주주의의 기원이라고도 한다. 하지만 이때 그들이 말하는 기독교는 동유럽의 정교회나 중동의 초기

기독교를 뜻하지 않는다. '삼위일체' '속죄' 등 기독교의 핵심 교리를 처음 제정하고 수도원 등 기독교의 핵심 제도를 처음 정착시킨 것은 실은 서방의 라틴 교회가 아니라 동유럽의 정교회와 중동의 초기기독교였다. 그러니 그들이 이 근대 세속세계의 기원에 기독교가 있었다고 주장할 때(예컨대, 마르셀 고셰Marcel Gauchet가 "종교를 더이상 필요로 하지 않는 사회가 출현할 수 있는 것은 종교 덕분이다"라고 주장할 때), 그 주장을 신학적으로 이해해야 할지, 아니면 사회학적으로 이해해야 할지 듣는 사람으로서는 모호할 수밖에 없다.[5]

정작 이슬람 사상에서는 지하드 개념이 그렇게 중요하지 않음에도 불구하고, 서방에서 나오는 이슬람 역사서는 지하드를 핵심 테마로 삼는 경우가 많다. 그런 역사서에 따르면, 지하드는 중세 기독교의 십자군전쟁과 거의 같은 개념이며, 둘 사이의 유일한 차이는 서방 모더니티가 더이상 십자군전쟁을 포함하고 있지 않은 데 비해 종교를 중요한 근간으로 하는 이슬람 문명은 여전히 지하드를 중요한 요소로 포함한다는 것뿐이다. 하지만 십자군전쟁과 지하드는 여러 측면에서 다른 개념이다. 우선, 십자군전쟁의 이론과 실천은 교황절대론(그리고 이어서 왕권신수설)의 출현과 밀접한 관련이 있었던 반면에, 무슬림 세계에서는 지하드가 그런 방식으로 작용한 적이 없다. 고전 문헌에서

'성스러움'을 뜻하는 아랍어 무깟다스(muqaddas)가 '전쟁'을 뜻하는 하르브(harb)를 수식하는 예는 단 한건도 없다. 또한, 이슬람 세계에서는 예부터 신학적 권위를 가지는 중앙권력이 출현한 적이 없고, 따라서 종교전쟁의 명분에 관한 합의가 이루어진 적도 없다. 예컨대, 이슬람 역사가 시작되고 첫 두세기 동안 이슬람 성지(메카와 메디나)의 법학자들은 제국 수도(우선 다마스쿠스, 이어 바그다드)의 법학자들과는 사뭇 다른 시각을 갖고 있었다. 그들에 따르면, 지하드를 행하는 일(이슬람의 발원지를 뒤로하고 머나먼 국경 부대까지 가서 복무하는 일)이 모든 무슬림의 의무는 아니었다. 모든 무슬림이 이슬람 영토를 방어해야 하는 것도 아니었다. 이슬람 영토를 방어하는 것이 가장 가치 있는 종교활동인 것도 아니었다. 그후 여러세기 동안 지하드 관련 법이 다르 알하르브(dār ul-harb, 전쟁지대)와 다르 알이슬람(dār ul-Islām, 평화지대)을 구분하는 맥락에서 정리되면서, 지하드는 전쟁지대에서만 의미를 갖는 개념이 되었다. 물론 무슬림 통치자들이 지하드 관련 법 때문에 평화지대에서 전쟁을 벌일 것을 안 벌인다거나 국경을 접하는 기독교도들과 조약을 맺을 것을 안 맺는다거나 하는 일은 없었다. 무슬림끼리 싸우기도 했고, 무슬림끼리 싸우면서 기독교군을 동맹군으로 삼기도 했다. 다만 그런 충돌을 옹호 또는 규탄할 때 사용되는 법적 범주는 지하드 관련 법과는 무관한 것이었다.

이슬람 세계에서 지하드 논의는 다양한 학파의 법학자들이 역사적 사건들과 복잡하게 얽혀 논쟁하는 과정에서 만들어졌다. 여기서 나온 법적 개념을 최근 서방 대중논객들이 많이 사용하는 교조적 이항대립구도(모든 비무슬림과의 끊임없는 반목, 모든 무슬림의 조건 없는 연대)로 단순화하기란 불가능하다. 우선, 다르 알아흐드(dār ul-ʿahd, 협정지대)라는 법적 범주가 만들어지고 무슬림 영토와 비무슬림 영토 간의 평화로운 교역과 교류가 법으로 허용된 것부터가 이미 오래전 일이다. 또한, 전근대 이슬람 법학자들의 일반적 법해석에 따르면, 무슬림이 공개적으로 이슬람을 실천할 수 있는 한, 샤리아(sharīʿa, 종교법)는 무슬림이 기독교 군주의 백성으로 사는 것을 금하지 않았다(예컨대 에스빠냐의 경우). 나아가, 오스만제국은 여러세기 동안 기독교 열강과 일련의 협정을 체결함으로써 유럽 상인들이 오스만제국의 영토에 거주하며 치외법권을 행사하는 것을 허용했다. (무슬림이 과반수를 차지하는 나라에서 평범한 비무슬림 백성의 사회적 지위는 물론 시대와 지역에 따라 달랐다. 단, 무슬림 사회가 외부세력에게 침략당했을 때는 비무슬림의 사회적 지위가 악화되는 경향이 있었다.)[6]

식민지 시대로 오면서 지하드 독트린은 더 정교해졌다.

비무슬림이 다스리는 나라(엄밀히 말해서 다르 알하르브)에 사는 무슬림이 이슬람을 실천할 수 있고 이슬람 제도를 유지해나갈 수 있다면 지하드를 행해서는 안 된다는 규정도 생겼다. 물론 식민정권에 반대하는 무슬림 저항세력이 지하드를 들먹이기도 했고, 최근에는 이슬람 무장세력이 지하드를 개인의 종교적 의무(fard al-'ayn)로 끌어올리려고 하는 경우도 많았다. 그렇지만 무슬림 법학자 대다수는 그런 식의 해석에 지지를 보내지 않고 있다. 무슬림 법학자들의 오랜 논의에 따르면, 지하드의 법적 전제조건은 이슬람에 대한 실질적 위협이 있어야 한다는 것, 그리고 위협과 싸워서 이길 가능성이 있어야 한다는 것이다. 요컨대 지하드, 다르 알하르브, 다르 알이슬람 등의 용어는 초역사적 세계관의 구성요소가 아니라 법학자들, 종교에 정통한 학자들, 근대주의적 개혁론자들이 갖가지 상황에 대처하는 과정에서 논의와 논박을 위해 사용해온 정교한 정치적-신학적 어휘다.

문명 간 충돌은 없다. 이 문명 혹은 저 문명에 속한다고 단정할 수 있는 자족적 사회란 없기 때문이다. 더구나 유럽 열강이 특히 19세기 초부터 경제·정치·이데올로기 차원에서 중동으로 침투함에 따라, 중동의 여러 관행이 변화를 겪었다. 예컨대, 유럽 국가들은 오스만제국이 점점 약해져가던 시기—그리고 마침내 몰락한 시기—에 오스만의 영토 곳곳에서 군사전략적·상업적 경쟁을 벌였다. 주요 교통망을 건설·관리하기도 했고(수에즈 운하가 특히 중요했다), 유대인들에게 팔레스타인에 나라를 세우게 해주기도 했다. 중동을 여러개의 위임통치령과 세력권으로 분할하기도 했고, 아랍의 여러 주권세력을 상대로 불평등조약을 체결하기도 했다. 석유자원을 착취하기도 했다. 미국이 중동에서 해온 일은 그저 이 개입주의 전통의 연장선상에서 자국의 군사전략적·경제적 이익을 추구하는 일, 그리고 작금의 개입을 옹호할 새로운 구실을 들먹이는 일이었다.

다시 한번 말하지만, 나의 관심사는 범인을 밝히는 것이 아니라 유럽인들이 중동이라고 명명해놓은 지역의 당면 문제를 좀더 명료하게 만들어줄 복잡한 의미망 몇가지를 지적하는 것이다. 예컨대, 사담(Saddam Hussein)이 잔혹 행위를 저질렀으니 잔혹 행위를 저지른 범인은 사담이지만, 사담이 이란을 침략했을 때 미국이 사담에게 중요한 군사기밀을 제공했다는 사실과 유럽이 사담의 화학무기 제조를 원조했다는 사실, 이로써 이라크의 쿠르드인들과 함께 이란인들이 화학무기에 희생당했다는 사실은 범인을 밝히는 문제를 한층 복잡하게 한다. 굳이 범인을 밝혀야겠다면 말이다. 1991년 알제리에서는 FIS(Front Islamique du Salut, 이슬람구국전선)가 선거에서 압승을 거둔 뒤에 쿠데타가 일어났다. 쿠데타 정권의 FIS 탄압은 대규모 유혈사태로 이어졌다. 프랑스는 쿠데타를 지원했다. 프랑스의 쿠데타 지원이 이후의 유혈사태를 초래했다고 할 수는 없지만, 그렇다고 해서 이후의 유혈사태와 무관하다고도 할 수 없다. 마찬가지로 서방 국가들이 이란의 폭정을 초래했다고 할 수는 없지만, 1950년대에 샤(shah, 국왕) 독재를 출범시킨 CIA 주도(미·영 합작) 쿠데타가 이후의 정권과 무관하다고도 할 수 없다. 또 마찬가지로 미국 제국주의가 무바라크(Muhammad Hosni Mubarak)에게 정치적 탄압과 고문을 지시했다고 할 수는 없지만, 테러와의 전쟁이 무바라크를 비롯한 중동의 여러 정권에게 만행을 저지를 빌미를 제공해준 것은 사실이다(부시 행정부가 고문을 대행할 정권들을 두고 있는 것도 사실이다). 조지 패커(George Packer)가 자유주의적 국제주의에 대한 흥미로운 글에서 잘 표현한 것처럼, "미국이 지하디즘과 싸우는 방법은 독재정권들을 지원하는 것 아니겠는가?"[7] 그런데 이라크에서는 미국이 무슨 까닭인지 독재정권을 무너뜨리면서 아예 국가를 통째로 무너뜨리기로 결정했다. 지하디즘이 뜨고 종파 간 살상이 증가하는 것이 미국의 침략 및 주둔과 밀접한 관계가 있음은 이라크 사태의 추이를 지켜본 사람으로서는 의심할 수 없는 사실이다.

지금 세계는 그 어느 때보다 긴밀하게 얽혀 있다. 그런

데도 서방 여러 나라의 태도·제도·정책을 재평가하려는 노력 없이 이른바 이슬람 문명의 개혁이 시급히 요구된다는 주장만 되풀이하는 것은 현명한 처사로 보이지 않는다. 무슬림이 다수인 여러 나라에 개혁이 필요하다면(어쨌든 현지 주민들은 개혁을 요구하고 있는 것 같다), 그에 못지않게 유럽과 미국의 태도·제도·정책 역시 개혁이 필요하다. 특히 **중동 침해 정책**이 그렇다. 문명이 자족적 실체라는 생각을 떨치기란 참으로 어려운 일이지만.

리처드 로티(Richard Rorty)의 최근 발언을 검토하는 데는 이 맥락이 중요하다.[8] 만일 서방에서 대규모 테러공격이 재발한다면 서방의 역사적 민주주의는 종말을 맞으리라는 우려 섞인 발언이었다. "〔서방〕 정부들이 부득불 시행하게 될 조치는 일련의 부르주아 혁명 이후 두세기 동안 유럽과 북미에서 출현한 여러 사회-정치 제도를 무너뜨릴 가능성이 높다." 하지만 외부의 폭력과 서방 민주주의 내부의 사회-정치 제도 사이의 관계가 로티의 말처럼 그렇게 간단하지는 않다. 일찍이 막스 베버(Max Weber)는 유럽적 형태의 자유와 민주주의를 가능케 한 동력 중 하나가 수세기에 걸친 서방의 영토 확장, 곧 비유럽 영토의 무력 정복이었다는 점—표준화를 이뤄내는 자본주의가 발전한 바로 그 시기였음에도 불구하고 그랬다는 점—을 지적했다. 아울러 서방에서 자유의 동력으로 작용했던 영토 확장이 벽에 부딪힌다면 서방의 민주주의 또한 크게 변질되리라는 점을 우려했다.[9] 물론 베버가 미래를 전부 예측한 것은 아니다. IMF, 세계은행, 미국 재무부 등 오늘날 서방 민주주의 내부에서 작동하는 금융기구들이 신자유주의적 자본주의의 전 지구적 확산을 초래하는 주요 세력이리라는 것도, 이로써 경제적 불평등과 정치적 불안정이 무섭게 심화되리라는 것도, 지구온난화로 상황이 악화되리라는 것도(에너지 소비가 부유한 산업선진국에 편중된다는 사실이 문제의 근본적 원인까지는 못 된다고 해도 문제를 악화시키는 원인은 되리라는 것) 베버의 예측에 없었다. 가난한 남반구에서 주민 이탈과 정치적 불안정 문제가 심각해지면서 북반구로의 대규모 불법이민이 조장되리라는 것도, 이런 상황이 유럽-미국에 경계심과 동정심을 불러일으킴에 따라 남반구에 대한 추가적 군사 개입 요구――정치질서를 회복하라는 요구, 인도적 차원의 원조를 제공하라는 요구, 이른바 깡패정권들을 처벌하라는 요구, 에너지 자원을 확보하라는 요구――가 계속 발생하리라는 것도 베버의 예측에 없었다. 어쨌든 이런 서방 민주주의 내부의 문제들은 적어도 테러 문제만큼 심각하다. 서방 민주주의 내부의 문제와 테러의 문제는 둘 다 폭력의 공간에 거하고 있으며, 이 공간은 로티의 논의가 암시하는 것보다 훨씬 포괄적이다. 서방이 외부에 행사한 폭력이 서방 내 자유를 가능케 했다는 베버의 논의가 옳았다면(나는 그가 옳았다고 생각한다), 지금 우리가 보고 있는 장면은 한때 국내의 자유를 가능하게 만들었던 폭력이 이제는 국내에 부자유를 퍼뜨리는 원흉으로 뒤바뀌는 장면이다. 다시 한번 강조하거니와, 여기서 내 관심사는 서방을 규탄하는 것이 아니라, 많은 대중논객들이 채택하는 행위주체 모델, 곧 서방의 합리적 민주주의자가 동방에서 난입해 온 테러범을 막아낸다는 식의 단순한 모델을 폐기하고, 그 자리에 폭력이 폭력을 낳는 역사 공간, 우리의 원대한 목표를 무너뜨리는 것이 바로 우리 자신의 행동일 수 있는 역사 공간 개념을 들여오는 것이다.

—

　문명 간 충돌의 어법이 대(對)테러 담론을 가능케 한다는 여러 평자들의 주장은 옳다. 하지만 왜 최근에 '테러'라는 용어가 이렇게 많이 쓰이는가라는 질문에 답하는 주장은 아니다. 이 질문에 답하려면 먼저, 지금 여론이 테러와 전쟁의 차이를 어떻게 정의하는가를 질문해야 한다. 마이클 왈저(Michael Walzer)[10]는 이 질문에 답하고자 하는 저명한 정치철학자다. 그의 논점 몇가지를 검토하는 데서 이 논의를 시작해보겠다. 정치적 살상의 종류별 차이를 다룬

그의 최근 저서『전쟁을 둘러싼 논쟁』(*Arguing About War*)
은 넓은 독자층을 겨냥하는 교양서다〔국내에는『전쟁론』으
로 번역돼 있다. 이하 본문 면수는 아사드 원문에 달린 왈저 원문 면수
다──옮긴이〕.

왈저는 전쟁이 정해진 조건을 지킬 때(예를 들면 정당방
위일 때, 또는 교전국에 대한 협정 의무를 준수할 때) 합법
적 활동이 된다는 견해를 당연하게 받아들인다. 또 왈저는
어떤 유형의 폭력은 합법으로 규정하고 어떤 유형의 폭력
은 불법으로 규정하는 기존 국제법(전쟁법)을 옳다고 본
다(국제법이 폭력을 합법과 불법으로 구분하는 것은 국내
법이 영토 내 폭력을 합법과 불법으로 구분하는 것과 크
게 다르지 않다). 이것만으로도 왈저가 테러를 어떻게 보
는지 금방 알 수 있다. 왈저는 테러가 전시 살상과는 달리
불법이고 따라서 윤리적으로 전시 살상보다 악하다고 보
는 데서 한발 더 나아가, 테러가 살인범죄보다 악하다고
본다. "테러 특유의 해악은 무고한 사람을 살상하면서 동
시에 일상에서 공포감을 조성하고 개인의 활동을 방해하
고 공공장소의 안전에 지장을 주고 예방조치를 끝없이 강
제한다는 것이다."[11] 물론 왈저에게 테러란 정치적 목적을
위해 공포심을 조성하는 행위 이상을 의미한다. 무고한 사
람을 살상한다는 것이 테러의 필요조건(충분조건은 아니
지만 어쨌든 필요조건)이다. 왈저가 전쟁에서 규탄하는 점

은 전쟁의 **과도함**인 반면, 테러에서 규탄하는 점은 테러 자체의 **본질**이다. 국가의 살상은 적법하다는 것이 국가의 주장이지만, 어쨌든 국가도 사람을 죽인다. 그럼에도 국가의 살상은 테러범의 살상과는 달리 항상 적법한가, 이 문제를 다루는 것 중 하나가 전쟁법이다.

왈저는 군대 지휘관이 잔혹한 수단을 써서 승리를 거두는 것을 못마땅해한다. "때에 관계없이, 재래전이든 정치전이든 전쟁의 종류에 관계없이 우리는 군대 지휘관에게 민간인 생명의 가치를 존중할 것을 요구해야 하고, 민간인 생명의 가치를 무시하는 군대 지휘관이 존경받는 일이 없게 해야 한다"(31면). 그렇지만 이 주제를 논의하는 대부분의 사람들이 그렇듯이, 왈저 역시 서방의 자유주의적 전쟁 문화의 근원에 자리하고 있는 기묘한 모순——적국(민간인 포함)에 대한 조직적 폭력을 합법화해야 한다는 국가적 필요와 인명을 살리고 싶다는 인도적 욕구 간의 모순——에 철저히 무관심하다. 이 모순에 대해서는 뒤에서 또 다루겠다.[12] "민간인 생명의 가치를 존중"하는 일은 언뜻 보기와는 달리 꽤나 애매모호하다.

왈저가 인도주의 원칙의 제한적 속성을 거론하는 것은 바로 이런 맥락이다. 왈저에 따르면, 초비상사태가 벌어졌을 때는 인도주의 원칙을 고려하지 않는 것이 옳다. "위반이 가능한 순간이 있고, 어쩌면 위반이 필요한 순간도 있다. 규정이 구속력을 잃지 않았으니, 규정을 위반하는 것 말고는 방법이 없다. 위반은 죄의식을 남긴다. 그것은 우리가 저지른 일의 심각성에 대한 깨달음이기도 하고, 우리가 저지른 일이 이후의 선례가 되는 것을 막겠다는 각오이기도 하다"(34면). 왈저가 말하고 있지는 않지만, 이런 위반이 허용된다면, 인도법의 규정을 위반함으로써 적에게 정보를 뽑아내는 것이 대테러 전쟁을 수행하는 데 꼭 필요할 경우 테러 피의자에게 고문을 가하지 말아야 할 이유는 없어진다. 자유주의적 감수성에는 거슬리는 일이겠지만 말이다.

테러의 원인을 무슬림 국가들의 근대화 실패에서 찾는 점, 서방으로 건너온 무슬림 이민자들이 미국과 이스라엘을 속죄양으로 삼는 것이나 무슬림 이민자들 사이에 지극히 위험한 음모가 확산되는 것 모두 무슬림 국가들이 근대화에 실패해서라고 보는 점에서는 마이클 왈저와 버나드 루이스가 공통된다. "중요한 대테러 전쟁이 진행 중인 곳이 바로 이 미국, 그리고 영국과 독일과 에스빠냐와 그밖에 아랍과 이슬람의 디아스포라가 거주하는 나라들이다"(138면). 왈저는 전 지구적 위기의 시대에 어떤 유의 정치가 요청될 것인가를 논의하는 대신, 자유주의적 가정, 곧 정치의 문제와 폭력의 문제는 완전히 다르며 국가의 일차적 과제는 폭력을 정치의 장으로부터 제거하고 전쟁의

장 안에 봉쇄하는 것이다,라는 가정을 내세움으로써 테러
와의 전쟁을 이민자 커뮤니티로 확대하는 것이 급선무라
는 주장을 뒷받침한다. (이 가정에 대해서는 2장에서 논의
하겠다.)

하지만 왈저는 독자의 마음을 편하게 해주고 싶어 한다.
전시에 저질러진 공적 위법 행위에는 가책이 수반돼야 한
다는 것(가책이 수반되기 마련이라는 것?), 저질러진 일
에 죄의식을 느꼈다면 장래에 똑같은 위법 행위를 반복하
기는 어려우리라는 것이 왈저의 주장이다. 죄의식이 은총
의 기호인 셈이다. 죄를 짓고 구원받는다는 이 윤리 드라
마는 실존철학과도 일맥상통한다. "윤리의식이 투철한 지
도자란 무고한 사람을 죽이는 것이 나쁜 이유를 이해하면
서 그 일을 계속 거부하다가 마침내 하늘이 무너지기 직전
까지 가는 사람이다. 그때서야 그는 (알베르 까뮈의 '정당
한 암살자'와 마찬가지로) 옳고 그름을 아는 범죄자, 자기
가 해야 하는 일이 해서는 안 되는 일이라는 것을 알면서
도 해내고야 마는 범죄자가 된다"(45면). 이런 동화 같은 이
야기를 어떻게 이해해야 할까? 범죄적 행위를 다시 저질
러야 하는 지도자는 분명 죄의식을 느낄 것이고, 그가 느
끼는 번민도 분명 처음보다 심할 것이다. 그런 지도자가
바로 "윤리의식이 투철한" 지도자다. 아무 가책 없이 무고
한 사람을 죽인다면 비윤리적 범죄자일 뿐이지만, 전쟁에

나가 부당한 살상을 자행하는 기독교도에게는 내세를 전제하는 속죄 이론이 있고, 전시가 아닐 때 부당한 살상을 자행하는 신민(臣民)에게는 국법을 전제하는 처벌 이론이 있다. 하지만 왈저가 말하는 "윤리의식이 투철한 지도자"의 'guilt'는 두 이론 중 어느 쪽에도 해당 사항이 없다. 그에게 'guilt'는 판결이 아니라 감정이라는 뜻이다(guilt는 죄를 지었다는 판결을 뜻하기도 하고 죄의식이라는 감정을 뜻하기도 한다. 속죄 이론과 처벌 이론에서 guilt는 죄를 지었다는 판결을 뜻한다──옮긴이).

윤리의식이 투철한 지도자는, 필요한 경우 왈저가 말하는 "비상시 윤리"에 의지할 수 있다. "비상시 윤리의 본질적 특징은, 우리가 대적하는 악과 우리가 저지르는 악을 함께 인식한다는 것, 그리고 가급적 그 두 악에 모두 맞선다는 것이다"(49면). 왈저가 "가급적"이라는 표현을 쓰는 정확한 의도는 알 수 없다. 전쟁에서 부당한 적군을 공격하기 위해 수단과 방법을 가리지 않는 것에 대한 규탄이 아군을 공격해 오는 악에 대한 규탄과 똑같은 강도로 이루어진다면 잘못된 선택을 하게 될 위험이 있다는 막연한 느낌을 표현한 것일 수도 있다. 하지만 "가급적"이라는 표현이 정의로운 전투병을 옳은 방향으로 몰아붙이려는 의도에서 나온 것이라면, 두 악에 똑같이 맞서야 한다는 왈저의 주장에 의문을 제기해야 하지 않겠는가? 왈저는 양심의 가책이 있어야 한다고 말하지만, 악을 저질러야 할 때 지나친 양심의 가책이 걸림돌이 되어서는 안 된다고 하면 양심의 가책이 대체 왜 있어야 하는가?

정치공동체의 지도자에게는 발생 가능성이 있는 악에 대처하기 위해 악을 저지르는 것이 허용된다. 어째서인가? 왈저에 따르면, 정치공동체 자체를 보호하기 위해서다. "국가가 아니라 정치공동체라는 점을 강조해야겠다. 국가는 정치공동체를 섬기는 도구일 뿐이다. 국가는 집단행동을 조직하는 데 필요한 특정 구조로서 언제든 다른 구조로 대체될 수 있다. 반면에 정치공동체는 (그리고 신앙공동체는) 국가와 달리 다른 공동체로 대체될 수 없다. 하나의 공동체는 하나의 생활형태를 공유하는 남녀노소로 이루어져 있다. 어떤 공동체를 다른 공동체로 대체하려면 그 사람들을 제거하든지 아니면 **그 사람들의 생활형태를 강제로 변형**해야 한다. 둘 다 윤리적으로 용납 불가능한 조치이다"(49면, 강조는 저자). 그런 상황에서 비윤리적으로 행동하는 일은 "최후의 순간, 반드시 필요한 순간이 닥쳐왔을 때만" 가능하다는 것이 왈저의 주장인데(50면), 이 주장에 대해서는 곧 뒤에서 다루겠다. 여기서 일단 짚고 넘어갈 문제는 살상을 허용하는 것이 국가가 아니라는 말을 그렇게 간단히 할 수 있느냐다. 근대국가가 단순히 정치공동체의 도구인 것은 아니다. 국가는 시민 공동체를 조율하고 대변하고 보호하는 모종의 자율적 조직이다. 살상을 허가하는 것, 전시에 시민들에게 궁극의 희생을 요구하는 것은 국가다. 공동체의 적정 인구와 적정 영토를 유지하고자 하는 것이 국가다. 왈저의 전반적 논의가 본질적으로 국가 지향적이라는 점을 생각하면, 왈저가 여기서 이렇게 국가를 일축하다시피 하는 것이 기묘하게 느껴진다.

위에서 보았듯, 왈저는 전투원의 대민 테러가 결코 "최후의 수단"이 아니며, 따라서 불가항력적 조치가 아니라고 주장한다. 왈저에 따르면 성급하게 살상이라는 정치적 수단을 동원하는 것은 바로 테러범의 특징이다. "'최후의 수단'은 그렇게 쉽게 쓸 수 있는 것이 아니다. 거기까지 가기 전에 그야말로 모든 수단(즉, 아주 많은 수단)을 동원해봐야 하고, 각각의 수단을 여러번씩 동원해봐야 한다. (…) 정치는 반복의 기술이다"(53면). 하지만 그렇게 보자면 전쟁을 일으키는 국가에 대해서도 같은 말을 할 수 있지 않겠는가? 그런데도 왈저는 전투원에게 부과하는 엄격한 조건을 전쟁에 적용하기를 꺼린다. 왈저에 따르면, 전쟁 선포가 최후의 수단이 되어야 한다는 조건은 전쟁 선포를 사실상 불가능하게 만드는 조건이기도 하다. 왜냐하면, "다른 수단이 모두 고갈될 가능성은 없다. 달리 말해서, 다른 수단이 모두 고갈되었음을 알게 될 가능성은 없다. 시도해볼 만한 일은 항상 있다. 외교문서를 다시 보내볼 수도 있고, UN 결의안을 다시 마련해볼 수도 있고, 회의를 다시 소집해볼 수도 있다"(88면). 옳은 말이다. 하지만 국가가 전쟁을 선포하기에 앞서 심사숙고해야 한다는 주장과 테러는 최후의 수단일 수 없기 때문에 악한 폭력이라는 주장은 대체 무슨 관계가 있는가? 왈저는 자유주의 정치의 가능성이 항상 주어져 있다고 가정하는 것 같은데, 그 가정이 과연 타당한가? 예를 들어, 미국과 이스라엘과 유럽연합은 이번에 팔레스타인 피점령지에서 선거로 당선된 하마스(Hamas) 정부가 "반복의 기술"을 연마하는 것을 허용하지 않을 테고, 그러면서 하마스가 민주주의 정치를 인정하지 않는다는 것이 아니라 하마스가 이스라엘을 인정하지 않는다는 것을 그 구실로 내세울 것이다〔하마스가 팔레스타인 자치정부 총선거에서 압승을 거둔 것은 2006년 2월이다—옮긴이〕.

왈저가 답하고자 하는 질문이 "특정 폭력 행위를 악으로 규정했을 때, 대응 폭력은 윤리적으로 어느 선까지 정당화되는가?"인 것과 달리, 내가 답하고자 하는 질문은 "살상에 대한 특정 정의를 채택했을 때, 군사행동은 어떻게 달라지는가?"이다. 예를 들어, 국가 살상권의 근거가 적정한 비례성과 군사적 필요성(인도법의 군사행동 규정)이라면, 그리고 군사전략과 함께 전쟁 목적(모든 전쟁에서 선포하는 그것)을 고려하지 않고서는 비례성 여부, 필요성 여부를 판단할 수 없다면, 전쟁에서 민간인 살상과 대민 테러를 포함한 모든 종류의 강제 수단을 사용할 수 있게 되고, 실제로도 사용하고 있다.

국제법 전문가 데이비드 케네디(David Kennedy)는 전쟁에서 인도주의 정책과 전략적 논리가 어떤 방식으로 뒤얽힐 수 있는지를 소상히 논의했다. 그러면서도 끝까지 낙관적이었다는 것은 놀라울 뿐이다. 그가 국가폭력을 논의하는 대목을 보자.

전시에 '마구잡이 폭력'이 자행된 사례를 떠올리기는 어렵지 않다. 그중에는 물론 군대 지휘관의 승인 아래 자행된 것들도 없지 않다. 그러나 아군 지휘관이 '마구잡이 폭력' 곧 적법한 군사적 목적에 '비례하지 않은' '불필요한' 폭력을 명령하는 일은 흔치 않다. **적군**의 전술이 과도해 보이는 경우가 훨씬 많다. 과도했다고 규탄하거나 과도하지 않았다고 변호할 때 주로 사용하는 어휘는 인도법의 어휘다. 실제로 융단폭격, 봉쇄, 핵 선제공격, 자살공격, 대민공격 등 과도해 보이는 전술을 규탄하거나 옹호하는 논의는 항상 필요성이니 비례성이니 하는 어휘로 귀결되는 것 같다. 히로시마를 생각해보자.[13]

전시의 특정 사건을 논의할 때 필요성·비례성·인륜성이

라는 인도법의 어휘를 주로 동원하는 것이 군사행동을 선험적 규칙에 종속시키려는 시도라는 케네디의 말은 옳다. 여기서 염두에 두어야 할 것은 테러범 자신도 필요성이니 인륜성이니 하는 어휘를 동원하는 경우가 많다는 점이다. 예를 들어, 1970년대 이딸리아의 '붉은 여단'이 사람들을 납치해 인민에 대한 범죄라는 죄목으로 재판하고 처형한 것은 국가의 사법권에 대한 흉내이자 국가의 폭력 독점에 대한 도전이었다. 이렇듯 법(국내법)의 한계를 초월하는 행위가 혁명적 정의의 어휘와 함께 인륜성이라는 포괄적 어휘를 동원하고 있는 것은 분명하다. 이딸리아 수상이 납치·살해당했을 때, 한 '붉은 여단' 지지자는 "이 계급차별 사회에서 인륜을 최대한 실천에 옮기는 행위"였고 따라서 필요한 행위였다고 말했다.[14] 국군은 전략적 공격으로 소기의 결과를 얻은 후에 주민 해방이나 정당방위가 목적이었다는 말로 인도법의 어휘를 내세우는 것이 가능한데, 테러범의 잔혹 행위는 그런 국군의 공격에 대한 응수인 경우가 많다.

　케네디는 새 전쟁법이 일련의 절대적 규칙(예컨대, 민간인 살상 금지)이 아니라 논의의 장이라는 점을 지적한다. 논의의 장이라는 데서 비롯하는 융통성이 전쟁법의 진일보라는 것이 그의 생각이다. 하지만 내 생각은 다르다. 융통성이 좋은 것이라는 느낌은 전쟁법이 적용될 때 개인의 양심이 점점 결정적 기준이 되는 사정과 무관하지 않다. 법은 해석을 필요로 한다는 점에서 언제나 논의의 장이다. 하지만 새 전쟁법이 중시하는 것은 군대 지휘관이 **무엇을 했느냐**가 아니라(행동에 절대적 규칙을 적용하는 것은 비교적 간단한 일이다), 그가 **필요한 조치라는 판단에 따라 행동했느냐**의 여부다(이를 해석하는 것이 근대 윤리학의 핵심이다). 여기서 가장 중요한 문제는 윤리적 어휘로 논의되는가, 전투병이 양심적인가 따위가 아니라 누구의 군사행동인지와 상관없이 법정에 세우고 판결을 내릴 수 있는 독립된 재판기구가 존재하는가다. 강대국이 그런 법정에 세워진 적이 없다는 사실, 전쟁범죄와 반인륜적 범죄로 유죄판결을 받는 것은 약소국과 패전국뿐이라는 사실은 그다지 새로울 것도 없다.

2차대전 중 독일 민간인에 대한 공습은 테러가 아니었던 반면 자살공격은 테러다, 테러라는 악은 분석과 검토 대신 윤리적 규탄과 단호한 실질적 대응을 요한다, 부당한 이유로 전쟁을 선포하는 경우도 있고 전쟁에서 비윤리적 수단을 사용하는 경우도 있고 전쟁이 복수로 변하는 경우도 있지만 전쟁 자체는 원칙적으로 비윤리적이지 않은 데 비해 테러는 언제나 악하고 원칙적으로 악하다,라는 주장을 왈저는 끝까지 굽히지 않는다. 이렇게 전쟁과 테러를 반대 개념으로 정의할 때, 테러**와의** 전쟁을 말하는 것이 가능해지고, 아울러 테러범이 법을 어겼으니 국가는 테러범에게 무슨 짓을 해도 괜찮다고 가정하는 것이 가능해진다.

이 책에서 왈저의 근본적인 관심사는 자신의 윤리적 직관을 표명하는 것일 뿐, 그것을 검토하고 분석하는 것이 아니다. 왈저가 볼 때, 이스라엘 내 테러 작전은 주권을 보유한 정치공동체의 파괴를 목적으로 하는 팔레스타인 전쟁의 일부이며, 그런 이유에서 악의 산물이다. (서방 내 알카에다 테러 작전이 악의 산물인 것과 마찬가지다.) 따라서 이스라엘 육군과 공군이 요르단강 서안과 가자 지구를 공격하는 것은 선제타격 정당방위이며, 그런 이유에서 원칙적으로 정당한 전쟁의 일부다. 내가 볼 때, 왈저의 팔레스타인/이스라엘 분쟁 관련 논의는 일부 자유주의 지식인들이 전쟁과 테러의 차이를 어떻게 생각하고 있는지를 보여주는 중요한 사례다. 왈저는 한세기에 걸친 분쟁의 역사(한쪽은 확장의 역사, 한쪽은 박탈의 역사)를 도외시하면서 현재의 느낌에 초점을 맞춘다. 왈저에 따르면, "이스라엘인들은 상당한 군사력을 보유하고 있음에도 자기가 심하게 취약하다고 느끼고 있다"(108면). 한편 "팔레스타인인들에게 피점령 시기는 치욕의 시기〔치욕을 느낀 시기〕였다"(107면). 왈저는 이스라엘 정착촌이 팔레스타인인들과의 화해를 어렵게 만든다고 보면서도, 정착촌에 대한 자기의 느낌을 전하기를 주저치 않는다. "〔유대인들의〕 정착

운동은 〔팔레스타인인들의〕 테러조직에 상응한다. 하지만 급하게 한마디 추가하자면, 기능적인 면이 상응하는 것일 뿐 **윤리적인 면이 상응하는 것은 아니다.** 정착민들 중에 테러범이 다수 있다 하더라도, 정착민들이 살인자들인 것은 아니다"(119면, 강조는 원문). 윤리적인 면이 상응하지 않는다는 한마디가 이렇게 급하게 추가·강조되는 것을 보면, 테러라는 말을 사용하는 사람들이 품고 있는 느낌들——번영하는 정치공동체(자유민주주의)의 군사적·경제적 성공과의 동일시에서 비롯되는 자랑스러움, 그 공동체가 위험에 빠질지도 모른다는 우려스러움——을 짐작할 수 있다. 물론 급하게 추가·강조된 부분의 기능적인 면은, 이스라엘 정착민들에게 '테러범'이라는 호칭이 붙는 것을 막는 것, 그리고 이스라엘군에게 팔레스타인 테러범들과의 정당한 전쟁에 복무하는 방어군의 아우라를 입히는 것이다.

왈저가 이 점을 노골적으로 공식화하는 것은 이 분쟁을 동시 병발하는 네 전쟁으로 분류하는 대목에서다. "첫번째는 이스라엘 국가를 무너뜨리려는 팔레스타인 전쟁이다. 두번째는 요르단강 서안과 가자 지구에 대한 이스라엘의 점령을 종식시키고 이스라엘과 나란히 독립국을 건설하려는 팔레스타인 전쟁이다. 세번째는 '1967년 국경선' 내에서 이스라엘의 안보를 확보하려는 이스라엘 전쟁이다. 네번째는 정착촌과 점령지를 모두 포함한 대(大)이스라엘을 건설하려는 이스라엘 전쟁이다"(113면). 이 단순한 분류는 독자에게 양쪽—테러범/극단주의자 쪽과 정당한 전쟁을 수행하는 쪽—이 균형을 이룬다는 인상, 점령자와 피점령자가 정치적·윤리적으로 대등하다는 인상을 불러일으킨다. 하지만 이 분쟁에 대해 사뭇 다른 이야기를 해볼 수도 있다. 네개의 전쟁이 있는 게 아니라 하나의 불균형한 분쟁이 60년 이상 계속되고 있으며, 양쪽은 때마다 전략과 수사를 바꿔왔지만 한쪽의 승리가 압도적이었다는 이야기다. 세번째 전쟁(안보를 위한 전쟁)과 네번째 전쟁(확장을 위한 전쟁)의 차이점은 왈저의 분류가 암시하는 것과 달리 그렇게 분명하지 않다. 이는 이스라엘 주요 정당 가운데 동예루살렘 점령지와 주변 정착촌을 반환할 각오가 돼있는 정당이 사실상 하나도 없다는 사실로도 알 수 있고, 이스라엘 안보 찬성론이 팔레스타인 점령지 상당 부분에 대한 권리 주장과 긴밀하게 연결돼 있다는 사실로도 알 수 있다. 이스라엘 안보와 팔레스타인 점령이 연결돼 있다는 사실은 (분리장벽으로 상징되는) 이른바 '불개입'이 이스라엘에서 폭넓은 인기를 누리는 이유를 설명해주기도 한다. 불개입이 어느 정도까지 절실한 감정과 연결되어 있고 어느 정도까지 소수의 유대인이 다수의 비(非)유대인을 지배하고 있음을 부정하고 싶은 감정과 연결되어 있는지는 확실치 않지만, 어쨌든 팔레스타인 주민에게 지리적·정치적 고립을 안겨주는 데는 성공하고 있는 것 같다.

이스라엘인들과 그 지원세력은 이스라엘이 취약하다고 느끼는데, 그 느낌과 유대인들이 한세기에 걸쳐 팔레스타인에서 취해온 객관적 이득(영토·군사·경제·문화 등)이 상충한다는 것은 분명한 사실이다. 그 느낌을 무시하자는 뜻이 아니다. 그 느낌이 무의미하다는 뜻도 아니다. 그저 그 느낌과 현실이 그야말로 상충한다는 뜻이다. 그 느낌이 존재한다는 것, 그 느낌에 의미가 있다는 것은 인정해야겠지만, 그 느낌이 어떻게 생겨났는지에 대해서는 물론 전혀 다른 이야기를 할 수 있다. 그 느낌은 현 시점의 팔레스타인 권력관계에 대한 평가에서 기인하는 느낌이 아니라, 유럽 기독교도들이 유럽 내 유대인들을 상대로 저지른 인종학살이 초래한 집단 트라우마에서 기인하는 느낌이다. (그런데 집단 트라우마라는 것이 실제로 있을까? 트라우마를 겪는 일부 개인의 심리 상태가 한 통일국가의 경험으로 재현되어 대대로 전해 내려오는 것은 아닐까?)[15] 억눌린 죄의식에서 기인하는 느낌일 수도 있다. 자유주의를 신봉하는 이스라엘인 다수는 유대인 국가가 건설됨으로써 팔레스타인 사회가 파괴된 것이 역사적 필연이었다고 정당화하지만, 그럼에도 억눌린 죄의식을 갖고 있다. 어쨌든 자유주의자들이 적에게 집단적 폭력을 행사하는 과정에서 비윤리적 조치를 취할 경우, "위반은 죄의식을 남긴다. 그

것은 우리가 저지른 일의 심각성에 대한 깨달음이기도 하고, 우리가 저지른 일이 이후의 선례가 되는 것을 막겠다는 각오이기도 하다"라는 것은 심지어 왈저도 지적한 바 있다. 다만 죄의식에는 자기가 해를 입힌 상대에 대한 깊은 분노가 수반될 수 있는데, 왈저는 물론 그 점에 대해 아무 말도 하지 않는다.

어쨌든 왈저가 권력과 느낌의 관계를 상세히 검토하지 않는다는 것은 확실하다. 왈저는 눈앞의 폭력에 윤리적 판단을 내리는 데 필요한 이른바 합리적 원칙을 검토할 뿐이다. 대부분의 이스라엘 정착민이 살인자가 아니라는 왈저의 말은 맞다. 하지만 팔레스타인 주민의 시각에서 정착민은 이스라엘 정부의 법률·행정·군사기구에 의존하는 존재이며, 그런 이유에서 팔레스타인의 '생활형태'에 '강제 변형'을 가할 만한 힘을 가진 존재이다. 인종청소든 '생활형태의 강제 변형'이든 정치공동체에 대한 치명적 위협은 윤리적으로 용납될 수 없는 폭력을 사용하는 근거가 될 수도 있다,라는 왈저의 논의는 앞서 검토한 바 있다. 안타깝게도 왈저는 팔레스타인 군사행동의 근거에 자기의 논의를 적용해보려고 하지는 않는다.

스필버그의 영화 〈뮌헨〉(*Munich*)에 대한 최근 리뷰에서 헨리 지그만(Henry Siegman)은 왈저가 해보려고 하지 않는 바로 그 일을 한다. 팔레스타인 테러범들의 폭파 작전은 IDF(Israel Defense Forces, 이스라엘 방위군)의 보복공격이라는 맥락이 아닌 "이스라엘의 독립투쟁과 건국투쟁"이라는 맥락에서 논의돼야 한다는 것이 지그만의 주장이다. 지그만은 이스라엘 역사가 베니 모리스(Benny Morris)의 아카이브 연구[16]를 인용해, 1930년대에는 이르군(Irgun)이, 1948년에는 IDF가 팔레스타인 민간인들을 광범위하게 학살했음을 지적한다. "이스라엘이 독립전쟁 때 인종청소를 실시하고 민간인 학살을 자행했다는 사실이 지금 팔레스타인 독립투쟁에서 테러범이 자행하는 변명의 여지가 없는 비도덕적 잔혹 행위를 정당화해주는 것은 아니다", 하지만 이스라엘이 그랬다는 사실은 이 사안을 거론하는 많은 논객들의 이중잣대를 폭로해주기는 한다,라는 것이 지그만의 주장이다.[17] 내가 여기서 지그만을 인용하는 이유는 그의 주장에 찬반을 표하기 위해서가 아니다. 그의 주장에서 내가 주목하는 곳은 공정한 시각을 촉구하는 대목이 아니라 정치공동체의 두 폭력, 즉 정치공동체의 건설에 필요한 폭력과 정치공동체의 방어와 확장에 이용되는 폭력——팔레스타인인들에 대한 IDF의 군사공격——을 구분하는 대목이다. 용납할 수 있는 폭력과 용납할 수 없는 폭력을 나누는 익숙한 구분이 얼핏 보기와 달리 심각하게 문제적이라는 점에 대해서는 뒤에서 더 다루겠다.

물론 전쟁은 법으로 인정된 개념인 반면에, 무허가 전

투원들이 자행하는 살상은 그렇지 않다. 하지만 군인은 자기가 죽여야 하는 적을 증오하라고 배웠을 뿐이다. 살상이 법으로 인정된다는 사실은 부적절한 추상화에 불과하다. 그렇게 보자면, 군인도 테러범과 다를 것이 없다. 물론 테러범은 군사력 면에서 약할 때가 많다. 정치력 면에서 어린애 같을 때가 많은 것은 말할 나위 없다. 국가 옹호론자들이 그런 점 때문에 테러에 반대하는 것은 아니겠지만 말이다. 테러 행위가 효과적인 경우도 있다. 예컨대, 2차대전 당시 연합군은 독일과 일본의 여러 도시에 소이탄 공격을 자행함으로써 소기의 성과를 거둘 수 있었다. 부녀자와 아이들을 포함해 민간인 수십만명을 공포에 몰아넣고 살육한 테러 행위였다.[18] 내가 강조하고 싶은 점은, 테러범의 경우에는 양심의 진정성, 구실의 진정성이라는 것이 그 행동의 위상을 결정하는 데 아무 의미도 갖지 못하는 반면, 군대 지휘관의 경우에는 양심과 구실의 진정성이라는 것이 불가피한 행동이었는지 전쟁범죄였는지를 구분하는 중대한 기준이 될 수도 있다는 것이다.[19] 2차대전 당시의 대민공격을 둘러싼 미해결 논쟁이 그 공격이 필요한 조치였는가, 그 공격이 없었다면 나중에 더 많은 무고한 이들이 부당하고 무자비한 적의 손에 죽지 않았겠는가를 중심으로 진행되는 것은 그 때문이다.

이렇듯 '테러'는 국내법이 정한 범죄 행위를 뜻하는 말이기도 하지만, 자기가 취약하다는 느낌을 드러내는 말이기도 하다. 왈저도 이 점을 지적한다. 테러범이란 정치적 목적에 따라 민간인에게 공포감과 불안감을 조성하는 사람이라는 왈저의 논의는 바로 이에 대한 지적이다. 이렇게 보자면 테러/공포(terror)라는 말이 그렇게 틀린 말만은 아닌 것 같다. 다만 나는 논의의 방향을 테러를 단순한 불법적·비윤리적 폭력으로 보는 쪽에서, 테러가 힘의 세계에서 어떤 기능을 하는지 검토해보는 쪽으로 바꾸려 한다.

전쟁은 국제법으로 규정한 활동, 곧 모종의 공식적 원인과 결과를 갖는 활동이지만, 국제법이 규정하는 전쟁의 인과를 국가가 행하는 조직적 살상의 시종과 혼동해서는 안 된다. 공식적 의미의 전쟁이 시작되기에 앞서 국가의 대민 폭력이 있을 수도 있고, 공식적 의미의 전쟁이 종결난 뒤에 국가의 대민 폭력이 있을 수도 있다. 특히 독립전쟁(무허가 테러를 토대로 주권국을 건설하고자 하는 전쟁)이나 이른바 미개한 주민을 상대하는 '자잘한 전쟁'(적이 주권국이 아니라는 이유로 테러 사용이 가능해지는 전쟁)이 그렇다. 이런 폭력은 주권 수호나 주권 획득, 또는 주권이 있다고 주장하는 다른 세력들의 처단이라는 국민국가(또는 자칭 국민국가)의 우선적 의무이자 절대적 권리와 불가분의 관계에 있다. 반면에, '테러'의 일부를 **법적** 범주로 규정하는 것이 어려운 일인 이유는, 기성 국가권력을 어느 선까지 인정할 것인가, 대중운동이 국가권력에 저항할 권리가 있다고 볼 것인가와 관련된 복잡한 **정치적** 선택이 수반되어야 하는 일이기 때문이다. 국제형사재판소가 테러 행위를 범죄에 포함시키라는 인도, 터키, 스리랑카의 압력을 거부한 것은 그 때문이었다.[20]

그럼에도 국가를 위해 일하고 있거나 일하고자 하는 테러전문가들은 테러를 규정하는 것이 쉬운 일이고 정치와 무관한 일이라고 주장한다. 한 테러전문가에 따르면, "실제 테러범은 문화·이데올로기·정치 — 다양한 행동의 동기로 작용하는 미분화된 인자·태도들 — 로 빚어진 존재인 반면에, 테러란 우리의 윤리·법률·전쟁수칙 개념으로부터 도출된 통상적 구성물(construct)이다."[21] 바꿔 말해서, 테러 담론이 가능하려면 상상의 산물이 **아닌** 구성의 산물 정도는 있어야 한다고 할까, 테러에 대한 정보를 수집할 수 있어야 한다.

모든 전쟁은 인간을 살상무기로 만들 것을 요구한다. 전쟁의 적법성 여부를 묻는 질문은 바로 그 사실을 간과하게 하는 경향이 있다. 조애나 부크(Joanna Bourke)는 "기초훈련 자체가 극히 야만적인 경우가 많았다. 신병 기초훈련도 마찬가지였다"라고 말한다.

가장 악명 높은 것은 미국 해병대의 훈련체계였지만, 폭

력을 군사훈련의 공통요소로 동원하는 것은 다른 군조
직도 마찬가지였다. 개인을 분해해 효율적 전투인력으
로 재조립한다는 기본 공정은 모든 훈련 프로그램에서
동일했다. 조립 공정의 기본원칙은 인격을 탈각시킬 것,
복장을 획일화할 것, 사생활을 박탈할 것, 사회관계를
강요할 것, 여가를 없앨 것, 수면부족 상태로 만들 것, 일
단 방향감을 빼앗은 후 방향감을 재편하는 의식(군대 규
율, 자의적 규칙, 엄한 처벌)을 시행할 것 등이었다. 이런
식의 야수화 방식은 고문기술자를 길러내는 정권의 야
수화 방식과 흡사했다. 다시 말해, 폭력의 정도에 차이
가 있을 뿐, 폭력의 본질은 같았다.[22]

포로 고문은 군인이 훈련 시에 배우는 폭력 중 하나다. 이
렇듯 테러 **실행**은 효율적 군인을 만들어내는 한 방법이자
전쟁 수행의 중요한 한 부분이다. 전쟁터에서 중요한 것은
물론이고 취조실에서 결정적 정보를 확보할 수 있다는 점
에서도 중요하다.

테러 **담론**을 채택할 경우, 폭력의 공간을 재정의하는 것,
곧 테러를 염두에 두고 일상의 규범을 침해·재편함으로써
새로운 폭력의 공간——새로운 지식, 새로운 업무를 전제
하는 공간——을 마련하는 것이 가능해진다.[23] "9·11 테러
이전에는 '국토안보'라는 분야가 없었다"라고 리처드 팔

켄라스(Richard Falkenrath)는 말한다.

오늘날 국토안보는 수십억 달러 규모의 사업이기도 하고, 이전까지 수십개로 분리되어 있던 정부 활동을 아우르는 무수한 개혁의 추동력이기도 하다. 국토안보 사업이 필요하다는 것은 알카에다니 뭐니 하는 특정 테러집단이 흥하느냐 망하느냐 따위와는 별개의 문제다. 국토안보 사업의 필요성은 자유롭고 문호가 개방된 사회가 참혹한 테러에 구조적으로 취약하다는 사실에서 비롯한다. 모든 면을 고려할 때 영구적 취약성이다. 이런 취약성은 9·11 이전부터 있었으며, 앞으로도 없어질 기약이 없다. (…) 국토안보 사업은 지식공동체를 필요로 하지만, 당장은 이렇다 할 지식공동체가 없는 실정이다. 현재 수십개 분야의 전문 인력(지역 전문가, 테러 분석 전문가, 법 집행기관 관리, 정보요원, 개인정보 전문가, 외교관, 군 장교, 이민 전문가, 세관 검사관, 특수산업 전문가, 규제법률 전문가, 의료 및 방역 전문가, 연구 전문가, 화학자, 핵물리학자, IT 전문가, 방재 전문가, 소방 전문가, 홍보 전문가, 정치가 등)이 국토안보 사업에 동원되어 있지만, 단순히 각계 전문가를 모아놓는 것으로는 충분하지 않다. (…) 국토안보가 맞닥뜨리는 모든 개별 문제의 복합성을 이해하고, 사안별로 효율적·현실적 전략을 개발하고, 그렇게 개발한 전략을 효과적으로 이행할 수 있으려면, 다양한 지식과 다양한 경험을 넘나들 줄 아는 개개인으로 이루어진 팀이 아니면 안 된다.[24]

이렇듯 새로운 지식공동체가 요청되는 것은 테러라는, 자유민주주의 세계에 지금껏 없었다고 하는 대상을 명명하고 처리하는 데 필요하다는 이유에서다. 이미 테러에 대응하는 일에 동원된 사람들이 하는 대부분의 활동——대중 감시, 개별 취조, 국내외 고문실 운영, 표적 암살, 선제타격 정당방위를 내세운 무력침공——은 그리 새로울 게 없어 보일지도 모르지만, 테러와의 전쟁을 통해 새로운 지식의 대상이 구성될 수 있다는 사실만큼은 새롭다고 해야겠다.

이런 조치들을 그저 행정부의 직권남용으로 간주해서는 안 된다. 사법부와 입법부가 법치주의 수호를 위해 거국적으로 행정부와 적극 공조하는 것이 불가능한 일은 아닌 데다, 행정권의 합헌성 여부는 법령해석과 정치논쟁에 예속되어 있기 때문이다.[25] 국가가 폭력의 공간을 마련함으로써 (행정부·입법부·사법부를 모두 포괄하는) 자신의 세력을 확장할 수 있다는 내 논의는 국가와 수동적 시민사회를 대립시키고자 하는 논의가 아니다. 행정권이 폭력의 공간을 독점하고 있느냐 하면 그렇지가 않다. 모든 입헌주의 국가는 자칭 합법적인 폭력의 공간에 의존하고 있다.

자유민주주의에서 시민과 그들을 대변하는 정부는 상호 의무로 연결돼 있고, 민선 정부가 취하는 조치는 곧 모든 시민이 취하는 조치다. 정부가 테러 용의자나 열등한 적군을 상대할 때, 모든 시민은 (올바르게든 그릇되게든) 폭력의 공간에 말려들게 된다. 일부 시민이 윤리나 법률을 내세워 정부의 조치를 비판한다 하더라도 정부가 그 비판을 합헌으로 인정하기 전까지는 시민 누구도 자기들을 대변하는 정부가 거하는 폭력의 공간을 벗어날 수 없다.

—

한편, 테러/공포(terror)는 근대적 주체를 구성하는 필수 요소이기도 하다. 순탄한 생활이 무너질지 모른다는 공포, 특히 민주주의 제도가 야만인들(이민자가 됐든 테러범이 됐든)의 공격에 무너질지 모른다는 공포는 근대적 주체를 구성하는 필수적인 감정이다.

국군이 인명을 살상하는 곳이 외국이라면, 전쟁 행위는 민간인들을 크게 동요시키지 않는다. 예를 들어, 2차대전 당시 연합군이 나치 독일을 침공했을 때 자국에 남아 있던 민간인들은 환호를 보냈다. 반면에 테러 행위는 국내에서 벌어진다는 점 때문에 불안을 불러일으킨다. 테러를 둘러싼 논의, 또는 테러에 맞서 스스로를 지켜야 한다는 생각

또한 비슷한 불안을 불러일으킬 수 있다. 테러범들을 모종의 음모에 가담한 사람들이라고 보게 되면 숨겨진 그 무언가를 암시하는 기호를 찾게 된다(숨겨진 그 무언가에 해당하는 것이 그들의 동기다).[26] 그 기호를 찾아내려면 어떻게 해야 할까? 질문을 바꾸면, 숨겨진 동기가 어떻게 위험한지를 알아내려면 어떤 기호해석이어야 할까? 미국에서 테러범들을 상대할 목적으로 통과시킨 '애국자법'(Patriot Act)은 바로 그 기호해석의 실질적 틀을 제공해준다. '애국자법'을 비판하면서 이 법이 헌법상 권리를 침해한다는 이유를 드는 사람이 많은데,[27] 이런 유의 비판은 근대국가에서 권력/지식이 어떻게 작동하는가에 별로 관심을 두지 않는다. '미국 방위'(Defending America) 프로젝트가 요구하는 것은 위협적 대상을 밝혀낼 수 있는 테크닉이다.[28] 취조실의 테크닉에 대해서는 뒤에서 곧 다루겠다.

9월 11일 쌍둥이빌딩이 폭파당하는 그 유명한 이미지를 본 것이 미국인들에게는 트라우마였다, 미국인들이 그 후로 쭉 불안을 느끼게 된 것은 당연한 일이다,라는 뉴스가 대대적으로 보도되어왔다. 사람들의 진짜 동기를 알 수 없다는 데서 오는 불안(특히 유럽-미국에서 서방 문화에 동화되는 과정에 있는 중동인들에게 느끼는 불안)은 기호의 다의성에서 비롯한다. 언젠가 롤랑 바르뜨(Roland Barthes)는, "사물의 의미, 태도의 의미가 불확실할 때(불안할 때) 이미지는 트라우마가 된다. 그런 까닭에 모든 사회는 일련의 부유하는 기의들을 **고정**함으로써 불확실한 기호들의 테러/공포(la terreur)에 맞서 싸울 수 있도록 다양한 테크닉을 개발하고 있다"라는 주장을 폈다."[29] 그러나 당국이 언제나 기호의 불확실성을 제거하고자 하는 것은 아니라는 점, 오히려 기호의 불확실성을 유발하려 할 때도 있다는 점을 지적하지는 않았다. 만약 바르뜨가 그 점을 지적했더라면 불안과 공포를 불러일으키는 것이 불확실한 기호 그 자체가 아니라 불확실한 기호가 불안과 공포를 불러일으킬 만한 의미를 감추고 있을지도 모른다는 의혹이라는 것을 부정하지는 않았을 것이다. 익숙한 곳에서 마주치는 사람들을 있는 그대로 받아들인다는 것은 의혹 없이 살아간다는 뜻이다. 의혹이 없다는 것은 사람들을 해석하지 않는다는 뜻, 사람들의 행동을 문제화하지 않는다는 뜻이다. 텍스트(다른 사람들이 평상시에 하는 말과 행동)를 해석하지 않는다는 것은 비유를 거부한다는 뜻이 아니라, 의미를 고정할 필요에 신경 쓰지 않을 만큼 그때그때의 비유에 익숙하다는 뜻이다. 반면에, 자기가 아는 사람들이 사용하는 언어 기호와 행동 기호의 진짜 의미에 의혹을 갖는다는 것은 해석의 세계에 들어섰다는 뜻이다. 해석학이 반드시 적대적 의혹으로부터 생기는 것은 아니다. 하지만 어쨌든 해석학의 전제는 겉으로 드러난 것이 진실이 아니라는 것이고, 해석학의 목적은 숨겨진 의미를 장악하는 것이다. 해석학은 해석을 통해 부재를 기호로 전환한다.

9월 11일 이후 미국에서는 모종의 공무용 해석학——겉으로 드러난 것 뒤에 모종의 의미가 숨겨져 있다는 공무용 의혹——이 발전해왔는데, 이는 테러와의 전쟁——미국 관리들의 무슬림 피의자 취조——의 일부였다. 이 해석학에서 공포, 불확실함, 기호의 애매모호함은 내가 앞서 언급한 폭력의 공간의 일부분이기도 하지만, 그보다는 그 폭력의 공간의 전제조건이다. 그도 그럴 것이, 바로 이런 공포, 불확실함, 기호의 애매모호함은 공권력이 농밀한 일상에 침투하는 것을 허용한다.

취조실은 정보가 흘러나오는 장소이기도 하고 가혹 행위가 발생할 수 있는 장소이기도 하지만, 그것이 전부는 아니다. 취조실은 특정한 종류의 자기동일성이 유형화되는 현장이자 테러와의 전쟁(영구전쟁)에서 위험으로 작용하는 존재의 비밀들이 밝혀지는 현장이다. 미국 억류시설의 고문과 그밖에 잔혹하고 반인륜적이고 모멸적인 처사가 알려지는 것이 테러의 양분이 된다는 사실을 다루는 글이나 고문이 불법적이고 비윤리적이고 비효율적이라는 사실을 다루는 글은 많지만, 고문 개념이 전쟁과 테러를 구분하는 데 어떤 역할을 하는지에 주목하는 글은 그리 많지 않다. 수십년 전부터 CIA는 남미 반란진압 실무진을 위한 취조 매뉴얼을 제작·배포해왔다. 「인적자원 활용 훈련 매뉴얼」(Human Resource Exploitation Training Manual, 1983)의 예를 보자.[30] 가혹 행위에 대한 비난 여론에 대응한다는 취지로 제작된 이 매뉴얼은 강제적 방법과 비강제적 방법을 세밀하게 구분한 후, 강제적 방법을 사용하면 안 된다는 경고와 함께 비강제적 방법에 대한 상세한 설명을 제공한다. 매뉴얼의 목적은 취조관에게 취조 대상의 "내면의 동기력"을 "고갈"시켜 필요한 정보를 끄집어내는 테크닉을 가르치는 것이다.[31] '내면'은 취조의 전제이자 취조의 무대이자 취조의 표적이다.[32] 조직적 폭력 — 자기편 폭력과 상대편 폭력 — 을 조율하는 데 필요한 기호를 해석해내려면 우선 취조 대상의 유형을 숙지해야 한다. 출발점은 몸에 나타난 태생적 특징이다. 취조 대상의 인종·성별·종교 범주가 취조관에게 주어진 최초의 기호들이다. 하지만 취조관은 취조 대상의 말에 귀를 기울이기보다 숨겨진 의미를 암시하는 또다른 신호들 — 말투·동작·자세 — 에 주목해야 한다.

인도법이라는 제약이 있는 상황에서, 취조관은 그 숨겨진 의미를 어떻게 끄집어내야 할까? 불필요한 고통을 규탄하는 인도주의적 여론은, 불필요하다는 것이 무엇이며 **고통**이란 무엇인가에 대한 가정에 의존하고 있다. 인도주의 담론을 의식하는 취조관이 필요한 고통을 가하는 기술,

즉 기소에 필요한 정보를 실토하게 하는 효율적인 테크닉을 개발하는 것은 그런 이유에서다. '효율'에는 항상 맥락이 있고, 세부적인 고려사항들이 전제되어 있다. 이를테면, 심리에 고통을 가하는 테크닉이어야 할까, 아니면 육체에 고통을 가하는 테크닉이어야 할까? 고통의 강도는 어느 정도여야 할까? 육체적으로 상처가 남거나 심리적으로 트라우마가 남는다면 큰일일까? 만약 큰일이라면, 누구에게 큰일일까? 군대 지휘관이 전쟁터에서 직면하는 불확실함과도 흡사하다. 취조관은 이런 불확실함 속에서 전략적 판단을 내려야 한다. 필요한 고통("그렇게 극심하지는 않은 고통"이라는 주석이 달릴 수도 있다)을 가하는 목적은 취조 대상의 동기력을 꺾는 것이다. 취조실에서든 전쟁터에서든 테러와의 전쟁을 수행하는 테크닉은 '필요한 폭력'의 재정의를 요구한다. 인도주의 원칙이 고문을 금지하고 있음에도, 신체에 모종의 고통을 가하는 기술은 여전히 중요하게 사용되고 있다. 피의자에 대한 체계적 고문이 언제나 비효율적인가에 대해서는 자유주의 진영의 대중매체에서 상당한 논란이 있지만, 고문과 관련해 논란의 여지가 전혀 없는 한가지 확실한 사실은 고문이 인간의 두 범주—고문 허용 계층과 고문 불허 계층—를 만들어낸다는 것이다.

고문 허용 계층 대 고문 불허 계층이라는 개념 쌍이 처음 나온 곳은 혁명 직전 쿠바를 배경으로 하는 그레이엄 그린(Graham Greene)의 소설 『아바나의 우리 요원』(*Our Man in Havana*, 1958)이다. 현지 경찰국장 세구라와 영국 첩보요원 워몰드의 대화 중에 세구라가 지나가는 말로 그 자들은 "고문 허용 계층"이 아니라고 한다. 고문 허용 계층이 누구냐고 워몰드가 묻자, 세구라는 "이 나라의 가난한 사람들, 전 남미의 가난한 사람들"이라고 대답한다.

그리고, 중유럽의 가난한 사람들, 그리고 중동의 가난한 사람들. 당신네 복지국가에는 가난한 사람이 없으니 당신네는 고문 불허 계층이야. 남미나 발트3국에서 건너온 이민자들한테는 쿠바 경찰이 얼마든지 심한 짓을 해도 괜찮지만, 당신네 나라나 스칸디나비아에서 온 관광객들한테 그런 짓을 했다가는 큰일 나지. 하는 쪽도 당하는 쪽도 본능적으로 알거든. 프로테스탄트에 비하면 가톨릭이 더 고문 허용 계층이야. 더 범죄자니까. (…) 서방이 왜 그 대단한 공산주의 국가들을 혐오하느냐, 한 가지 이유는, 거기서는 계층의 차이를 모른다는 거야. 고문하면 안 되는 사람들까지 고문하니까. 히틀러도 그런 짓을 해대는 바람에 세상 사람들이 충격을 받았던 거 잖아. 이 나라의 감방에서 무슨 일이 일어나든, 리스본의 감방, 까라까스의 감방에서 무슨 일이 일어나든, 누가 신경이나 쓰나. 아무리 그래도 히틀러는 너무 난잡했지. 당신네 나라로 치면, 운전기사가 주인집 사모님이랑 동침한 꼴이었으니까.

내가 사는 나라에서는 더이상 그런 일로 충격 안 받는데, 라고 워몰드가 끼어든다. 세구라는 대꾸한다. "더이상 충격을 안 받는다는 게 모두한테 정말 위험한 일이야."[33] 오늘날에는 미국 행정부가 제네바협약과 인권법을 어기면서 고문에 의존하는 것이 바로 그런, 더이상 충격을 안 받는 상황의 예가 아닐까 싶다. 하지만 관타나모·아프가니스탄·이라크의 감방에서 고문이 자행될 때도 (그리고 이집트·시리아·파키스탄 정권으로 고문이 아웃소싱될 때도) 고문당하는 것이 언제나 고문 허용 계층뿐이라는 점은 특히 주목을 요한다. 미국 정권이 고문을 사용하면서 법치주의의 기반을 여러모로 약화시킨다는 비난을 산다는 점보다 더 중요한 것은 서방 민주주의 사회에서 어떠한 지속적 공분도 없다는 점이다. 이 문제에서 자유주의적 감수성은 상상을 초월할 정도로 차별적이다. 예부터 야만인과의 전쟁에서 저질러지는 잔혹 행위는 문명화된 적국 주민에게 저질러지는 잔혹 행위보다 쉽게 용인되어왔다. 심지어 오늘날에도 민주주의 정부들이 자행하거나 묵인하는 수많은 잔혹 행위는 전반적인 경악감을 전혀 불러일으키지 않고 있다. (경악이라는 용어에 대해서는 마지막 장에서 자세히 논의하겠다.) 이렇게 보자면, 무엇이 충격적인가에 대한 서방 대중의 태도는 전혀 변한 게 없는지도 모르겠다.

휴머니즘 감수성이 전쟁터의 잔혹 행위를 비판하는 양상도 취조실의 고문을 비판하는 양상과 비슷하다. 서방의 현대식 군대는 미개한, 그래서 위험한 종족들과의 전쟁에서 모종의 효율적 방법을 찾는다. 잔혹하면서 동시에 인륜적인 방법, 잔인함을 문명화의 표시로 내세울 수 있는 방법 말이다. 19세기 유럽인들은 세계가 문명화된 나라와 미개한 나라로 양분돼 있다고 보는 것이 보통이었다. 그리하여 한편에는 문명화된 나라가 미개한 나라를 계몽해야 한다는 논의가 있었고, 다른 한편에는 문명화된 나라가 미개한 나라와 똑같이 저급하게 행동하면 안 된다는 논의도 있었다. 예컨대 적십자 조직이 "복음주의 모럴"에 따라 유럽의 전쟁을 "문명화"할 것이라는 말을 적십자 창설자 가운데 한 사람인 구스타브 무아니에(Gustave Moynier)가 대놓고 할 수 있을 정도였다. 하지만 이렇듯 인륜적 기준을 높여야 한다는 생각은 논리상의 대립물을 요구했다. "식인 풍습이 있는 야만 종족은 연민을 느낄 줄 모른다. (…) 혹자는 그들의 언어에 연민을 뜻하는 단어가 없다고 하는데, 그 정도로 그들에게 연민은 낯선 개념이다. (…) 야만 종족은 전쟁을 끝까지 밀어붙이면서 다른 생각 없이 그저 자기의 야만적 본능에 탐닉하는 반면, 문명화된 국민은 전쟁을 인간적으로 순화하려 애쓰고, 그러면서 전쟁 중에 벌어지는 모든 일이 정당성이 있는 것은 아니라는 점을 인정하기까지 한다."[34] 문명화된 나라는 세련된 풍속이 있고 도덕과 법률의 제약이 있다는 점에서 미개한 나라와는 다르며, 문명화된 국민의 전쟁은 야만인의 전쟁처럼 무지막지하고 무시무시한 것이어서는 안 된다는 이야기였다.

야만인은 한편으로는 이렇듯 논리상의 대립물이면서, 다른 한편으로는 전쟁터의 적군이기도 했다. 전쟁터에서는 야만인을 적으로 대하는 것이 가능했고, 또 적으로 대해야 마땅했다. 1927년 미 육군 소속 엘브리지 콜비(El-bridge Colby) 대위가 쓴 글에 따르면, "야만 종족들이 알고 있는 전쟁 방식은 거의 유린과 절멸뿐이다. 그것이 문제의 진짜 본질이다. 적이 무지막지하면, 과하게 인도주의를 발휘하기보다는 똑같이 무지막지해져야 한다. 지휘관이 적에게 과하게 인정을 베푸는 것은 아군에게 몰인정한 것이나 마찬가지다."[35] 콜비 대위의 이 글은 서방 식민지 전쟁의 이론과 실제에서 공히 나타나는 지배적 입장을 보여준다. 미개한 적들은 국제법을 준수하지 않으며 따라서 국제법으로 보호받을 수 없다는 것을 콜비 대위 등 다수는 자명한 사실로 받아들인다. 오늘날 그런 미개한 적에 해당하는 것은 물론 테러 용의자 혹은 테러 피의자다.[36]

테러가 "대규모 무차별 폭력"이 되면서 "더 잔혹해졌다"는 주장이 있는데, 오늘날 많은 사람들에게 이 주장은 테러범이 미개한 적이라는 입장을 받아들이는 근거가 되는 것 같다.[37] 한편, 미개한 적을 상대하는 이 전쟁에서 정보기술이 점점 정교해짐에 따라 표적 타격이 점점 정확해졌고 결과적으로 부수적 피해가 최소화됐다는 주장도 나온다. 어쨌든 원격전쟁 덕분에 아군 사상자가 최소화된 것은 확실하다. 예컨대, 절대우위의 공군력과 정밀타격무기 덕분에 조종사가 공격에 노출될 위험은 거의 없어졌다. 게다가 자유민주주의 국가들의 국내 여론은 국군 사상자가 다수 발생하는 상황에 비판적이다. 이제 전쟁에 나가는 군인들에게는 적을 죽이는 일은 있어도 자기가 죽는 일은 없으리라는 것을 이 인도주의적 우려는 말해주고 있다. 전쟁이란 아군과 적군의 상호 살상 행위라는 관습적 이해는 이 살상 불균형 탓에 불안정해진다. 여기서 비롯하는 심리적 번민을 경감시켜주는 것이 바로 군사적·인종적으로 열등한 민족과 전쟁할 때 적군이 더 많이 죽는 것이 당연하다고 생각하는 오랜 전통이 있다는 사실이다. 미개한 그들은 문명화된 우리와 달리 인명을 중하게 여기지 않는다, 그래서 더 많은 위험을 감수한다, 자살 작전까지 불사한다, 그래서 더 많은 사상자를 낸다,라는 생각이다.

새로운 군사기술과 새로운 군사전략을 다루는 문헌은

점점 늘어나는데, 그런 문헌들이 최근의 새로운 전쟁과 예전의 식민지 전쟁(이른바 '자잘한 전쟁') 사이의 연속성에 주목하는 경우는 거의 없다. 식민지 전쟁 때 유럽-미국 군인들이 알게 된 사실은 적을 죽일 확률이 적의 손에 죽을 확률보다 훨씬 더 높다는 것, 그리고 '미개한' 적과 싸울 때는 '문명화된' 적과 싸울 때와 달리 크게 자제할 필요가 없다는 것이었다. 새로운 전쟁을 다루는 오늘날 문헌 가운데 그런 식민지 전쟁과의 연속성에 주목하는 중요한 문헌은 맥스 부트(Max Boot)의 『야만스러운 평화전쟁』(*The Savage Wars of Peace*)[38]이다. 여기서 부트는 '자잘한 전쟁'이 자유·진보·평화의 확산에 핵심적이라는 점은 예나 지금이나 마찬가지라는 주장을 펼친다. 그의 주장대로 서방 열강의 군사 개입이 식민지 전쟁 전통의 연속이라면, 이때 일차적 목표는 특정 부류의 인간 주체를 구축·장려하고 나머지 인간 주체를 불법적 존재로 만드는 것일 뿐, 인명 자체를 보호하는 것이 아니라는 점만큼은 분명하다고 하겠다.[39]

새로운 양상으로 진행되는 여러 전쟁에서 문명화 계획을 내세우는 것은 사실이지만, 계획과 결과는 항상 모순된다. 자유주의 국가의 군대는 한편으로는 (테러범과 달리) **불가피한 경우가 아니라면** 민간인을 표적으로 삼지 않지만 (인도법을 존중하기 때문이다), 다른 한편으로는 아군 사상자가 나는 것을 우려하는 탓에 적국 민간인이 많이 죽는 전략을 선택할 수밖에 없다(아군 사상자가 나는 것을 우려하는 것도 부분적으로는 인도주의적 감수성이다). 군민 양용 시설을 표적으로 삼는 경우가 그렇다. 군대는 군사적 필요에 따라 발전소 등 적군에게도 중요하지만 적국의 민간인에게도 중요한 시설을 표적으로 삼을 수밖에 없는데, 발전소 파괴는 정수(淨水) 시설, 병원 등을 심각하게 마비시키면서 민간 주민들의 사망과 발병을 초래한다. 이 모순(아군 손실 제로라는 새로운 독트린이 생겼다는 것과 군민 양용 시설 폭파라는 전략이 생겼다는 것이 민간인 살상을 초래하는 두가지 원인이라는 모순)에서 비롯한 흥미로운 결과 중 하나는 동기가 부수적 피해와 전쟁범죄를 구분하는 결정적 기준으로 등장했다는 것이다.[40]

근대적 군대의 정당한 군인은 무고한 사람을 살상할 때 죄의식을 느끼지만, 테러범은 무고한 사람을 살상하면서도 죄의식을 느끼지 않는다는 것이 정당한 전쟁을 옹호하는 현대 이론가들의 주장이다. 예를 들어, 왈저는 근래 이스라엘이 가자 지구를 침략하고 이어 레바논을 침략한 사건을 옹호하면서, "팔레스타인 전투원들이 민간 지구에서 로켓을 쐈다면, 이스라엘의 대응 포격으로 인한 민간인 사망은 다른 그 누구의 책임도 아닌 팔레스타인 전투원들의 책임이다"라고 주장한다.[41] 정치신학자 올리버 오도노번

(Oliver O'Donovan)은 국군이 윤리적으로 우월한 까닭을 설명하면서 일단 이른바 테러의 동기와 반란의 동기가 어떻게 다른지를 설명했다. 그에 따르면, "테러범은 무고한 사람을 고의적으로 살상한다. 한편, 반군은 적이 무고한 사람을 살상할 수밖에 없게 만드는데, 이것이 고의는 아니다."[42] 오도노번의 주장은 왈저의 주장과 완전히 똑같다. 즈비그뉴 브레진스키(Zbigniew Brzezinski)는 이런 주장을 비판하면서 이스라엘의 레바논 침공을 거론한다. "하고 싶지 않은 말이지만 해야겠다. 예컨대 이스라엘인들이 요새 레바논에서 하는 짓은 인질살해나 다름없다. 인질살해를 의도한 것은 아니겠지만. 헤즈볼라의 도발과 무관한 사람들을 3, 4백명씩 살해하면서 부수적 피해의 규모에 무관심하다면 고의로 살해하는 것이나 마찬가지다. 인질을 살해해 상대를 협박하는 것과 다를 바가 없다."[43] 하지만 왈저는 이런 유의 협박이 좋은("도덕적이면서 동시에 계산적인") 의도에서 비롯한 것일 수 있다는 주장을 굽히지 않는다. "이스라엘이 이미 낮을 대로 낮은 가자 지구의 삶의 질을 더 낮추게 될 조치를 취하는 의도는 가자 지구 주민들을 책임지고 있는 정치세력에게 압력을 가하는 것이다. 이 조치로 압력을 느낀 정치세력이 이스라엘에 대한 음지세력의 공격을 차단하는 조치를 취하리라는 계산에서다. 레바논에 대한 조치도 마찬가지였다. 더구나 레바논 음지세

66

력은 꽤 양지에서 활동했다."⁴⁴ 민간인 응징은 소기의 성과를 거두는 유일한 방법일 수 있다, 물론 그에 상응하는 죄의식이 동반돼야 한다, 왜냐하면 문명화된 국민은 야만인과 달리 연민이라는 것이 무엇인지 알고 있잖은가,라는 주장이다.

왈저와 오도노번이 볼 때 국군이 반군이나 테러범보다 윤리적으로 우월하다는 것은 두말할 필요도 없는 일이다. 하지만 군대 지휘관에게 복잡한 동기가 있다고 치면(그가 민간인을 살해한 것은 사실이지만, 살해해야 하는 상황으로 내몰리지 않았다면 살해하지 않았을 것이다), 테러범의 민간인 살상도 고의적이면서 동시에 불가항력적이었으므로 그에게도 복잡한 동기가 있다고 할 수 있지 않겠는가? '[내 나라의] 생활형태의 강제 변형'을 막기 위해서는 비윤리적 살상을 자행할 수밖에 없었다는 테러범의 말은, 한계였다, 남은 선택지는 없었다, 민간인 살상의 규모가 웬만큼 커지면 정치적 책임자들이 소기의 반응을 보일 것 아니겠는가,라는 주장이다.

결론을 내겠다. 자유주의 담론이 테러범과 전시의 군대를 구분하는 진짜 기준은 문명화되었느냐 아니냐다. 잔혹하냐 아니냐도 아니고, 생활형태를 위협하느냐 아니냐는 더더욱 아니다. 서로 다른 두 문명(공존 불가능한 두 가치 체계)의 충돌이 아니라 미개인들에 맞선 문명의 전쟁. 모든 문명의 규범을 무시해도 되는 전쟁. 콜비 대위는 미개한 적과 싸우는 이 전쟁에 대해 이렇게 말했다. "'민간인' 약간명을 살상했을 때 생기는 인명 손실은 규범을 비교적 엄격히 지키는 장기전을 수행할 때 생길 수 있는 인명 손실보다 훨씬 미미하다. **이로써 비인륜적 조치가 인륜적 조치로 판명된다. 분쟁기간을 단축시켜주고 인명 살상 규모가 더 과해지는 것을 막아주기 때문이다.**"[45]

　야만인은 그런 인간애를 발휘하지 못한다는 것이 콜비의 생각인 것 같다. 맞는 생각일 수 있다. 하지만 여기서 특별히 흥미로운 것은 군대가 발휘하는 인간애가 아니라 비인륜적 조치를 인륜적 조치로 둔갑시키는 자유주의 담론의 교묘함이다. 만일 야만인 담론이라는 것이 있다 하더라도 자유주의 담론만큼 교묘함을 발휘하지는 못할 것이다.

2장

━━━

자살테러

1장에서 논의한 것처럼, '전쟁'과 '테러'는 범주가 다르다. 전쟁을 규정할 때 우선 고려되는 것은 전쟁의 적법성 여부인 반면에, 테러를 규정할 때 우선 고려되는 것은 자기가 취약하다는 느낌, 그리고 사회에 혼란이 올까 봐 두렵다는 느낌이다. 따라서 전쟁이 아닌 것이 테러, 테러가 아닌 것이 전쟁, 이렇게 나눌 수가 없다. "테러 특유의 해악은 무고한 사람을 살상하면서 동시에 일상에서 공포감을 조성하고 개인의 활동을 방해하고 공공장소의 안전에 지장을 주고 예방조치를 끝없이 강제한다는 것이다"라는 왈저의 말은 틀린 말이다. 왈저가 여기서 테러의 해악이라고 말하는 것은 실은 전쟁(정당한 전쟁이든 부당한 전쟁이든)의 해악이기도 하기 때문이다. 역시 1장에서 논의한 것처럼, 국군의 잔학함과 테러 집단의 잔학함은 공통점이 많다. 국군이 공식적인 의미에서 인도법의 지배 아래 있다는 사실은 언뜻 보기와는 달리 군대가 고의적으로 자행하는 잔혹 행위를 제재하는 데 그렇게 큰 효력이 없다. 인도법이 **법적으로** 효력이 있는 경우라 해도, 제재의 대상은 국가를 상대로 폭력을 저지른 독자적 개인들, 혹은 자국민을 비호할 수 없는 취약국의 국민들로 한정된다. 강국이 자국민들을 비호하면서 다른 나라 국민들을 인도법 위반으로 단죄할 수 있을 뿐이다. 이 장에서는 자살테러와 전쟁 행위를 구별하고자 하는 몇몇 최근 설명들을 검토하는 방식으로 자살테러를 논의하고자 한다.

자살테러와 전쟁 행위는 어떻게 다른가? 자살테러범은 자기가 적으로 여기는 민간인들을 살상하기 위해 자살한다, 자살테러가 전쟁 행위와 달리 특별한 설명을 요하는 것은 바로 이 때문이다,라고 생각해볼 수도 있다. **그는 왜 이런 끔찍한 짓을 저질렀는가?** 무고한 사람을 살상했다는 점이나 죽기를 각오했다는 점 때문에 끔찍한 것만은 아니고(전시에는 흔히 일어나는 일이다), 자살했다는 점 때문에 끔찍한 것만도 아니다(평시에도 드물지 않게 일어나는 일이다). 무고한 사람을 살상하기 위해 자살했다는 점, 그게 끔찍한 것이다. 하지만 동기를 규명하기는 어렵다. 자살테러를 수행하겠다는 의도는 언제, 어떻게 세워졌는가? 자살의 욕망과 살상의 욕망 중에 어느 쪽이 더 컸는가? 폭탄의 뇌관을 제거하기 직전, 정확히 무슨 생각을 하고 있었는가? "내가 다 죽여버릴 테다, 내 형제를 죽인 놈들"이었는가, "신을 위해 죽는 거니까, 신이 상을 내리실 거야"였는가, 아니면 단순히 "이 잔혹한 점령군 밑에서 더는 못 살겠다"였는가? 아니면 완전히 다른 생각이었는가? 의식적 언어 뒤에 무의식적 욕망이 있었는가? 무아지경이었는가? 끝까지 의심과 후회를 품고 있었는가? 만약 그랬다면 그것을 어떻게 극복했으며, 얼마나 극복했는가? 하지만 가해자가 죽었는데 무슨 수로 답을 찾겠는가? 답이 없다는 뜻이 아니라, 동기를 규명하는 일이 흔히 생각하는 것과 달리 매우 복잡한 작업이라는 뜻이다.

자살하기 위한 살해와 살해하기 위한 자살을 구분하는 게 큰 의미가 있을까? 사회학자 장 배슐러(Jean Baechler)는 전자의 예로 처형을 앞두고 프랑스 대통령에게 기요띤의 '은총'을 내려달라고 간청하는 편지("내가 죽으려고 사람을 죽였다, 그것이 내 모럴이다!")를 쓴 살인범 뷔페[Claude Buffet, 무기징역 선고를 받고 탈출을 시도하던 중에 인질들을 살해했다. 사형이 아닌 무기징역형을 받은 데 불만이 있었다고 한다—옮긴이]를 들고 이어서 후자의 예로 2차대전 당시 적을 죽이기 위해 죽은 카미까제 조종사 등을 든다.[1] 이런 식의 구분이 주로 토대로 삼는 심리학 모델에 따르면, 자살("실존적 문제에 대한 해결책")[2]은 개인 정신병의 한 계기, 또는 집단 이데올로기의 한 발현으로 설명될 수 있다. 양쪽 모두 목적이 아니라 원인을 찾는 설명이다. 하지만 배슐러가 드는 유의 예들이 보여주는 것은 왜 그렇게 행동했느냐가 그 행동이 어떻게 끝났느냐만으로는 정의될 수 없다는 것이다. 자살은 자기가 죽는 것으로 끝나고, 자살테러는 자기와 다른 사람들이 죽는 것으로 끝난다.

동기가 확실치 않을 때 해석의 여지는 어쩔 수 없이 커진다. 자살테러가 일단 모종의 이야기인 것은 그 때문이다. 그럴듯한 이야기로 서술되는 과정에서 픽션이 동원되기도 한다. 예를 들어, 컬럼비아대학 사회과학 교수 존 엘스터(Jon Elster)의 픽션은 "이 사안의 전문가로 널리 인정받는 아리엘 메라리(Ariel Merari)"의 권위에 기대고 있다. 엘스터는 이렇게 적는다. "폭탄의 뇌관을 제거하는 그 순간의 정신 상태는 한시적이다. 인격의 안정적 특징이라기보다는 어떤 조작물이라고 할 수 있다. 메라리는 〔미 의회에 증인으로 출석했을 당시〕 자살테러범들이 죽기 직전 몇 분간 어떤 정신 상태냐는 질문에, '그중 몇명은 분명 고양된 상태였어요. 마지막 몇분은 무아지경이었어요'라고 대답했다(CBS 뉴스, 2003년 5월 25일)."[3] 자살테러범이 죽기 1분 전에 무슨 생각을 하는지 무슨 수로 알겠는가? 하지만 흥미로운 자살 이야기를 하려면 흥미로운 속마음을 가정해야 한다. 자살이 병리라는 신화는 속마음을 알 수 있다는 판타지를 조장한다.

자살테러자에 대한 설명들은 동기에 초점을 맞추는 경향이 있다. 서방 논객들의 관심사는 대개 자살테러의 결과가 아니라(결과는 이미 눈앞에 있다), 자살테러범이 범행을 저지른 이유다. 그들이 내놓는 이유는, 늘 그런 것은 아니지만 대체로는, 어떤 병리와 관련돼 있거나, 아니면 소외 상태──서양 문명에 제대로 통합되지 못한 상태──와 관련돼 있다.

하지만 여기서 내가 떠올리는 것은 콜럼바인고등학교 총기난사 사건(중무장한 학생 두명이 같은 학교 학생 다수를 살상한 후 자살한 사건) 같은 돌발적 살상 사건이다. 그들의 동기를 둘러싼 논란이 끊이지 않았고, 결정적 설명은 (당연히) 없었다.[4] 교내 총기난사 사건에 비하면 자살테러 사건은 더 계획적이라고 할 수 있다. 전투원은 (임무에 맞도록 훈련받았다는 의미에서는) 더 자율적이지만, (무자비한 사람들의 손에 훈련되었다는 의미에서는) 더 타율적이다. 하지만 이것은 동기가 아니라 조건이다. 전투원이 자살테러자가 되는 이유로 서방 논객들이 자주 드는 것은 그가 겪은 체계적 박탈과 수모──압도적이고 무자비한 적과 싸우는 유일한 방법은 공멸뿐이라고 생각하게 되었다는 사실(절망과 분노의 표현?)──이거나 아니면 그의 엄청난 개인적 불행이다. 그밖에 서방 논객들이 자주 드는 이유로는 이슬람 담론이 있다. 작전을 앞두고 기록되는 선언문이 대개 종교적 어휘를 사용하기 때문인데, 이는 극히 의례적인 선언문을 진짜 동기로 간주하는 것이나 마찬가지다. 서방 논객들은 그가 죽음을 선택했으니 그의 동기와 거기서 비롯된 결과 둘 다 도착적이다,라고 본다. 하지만 여기서 죽음은 결과이지 동기가 아니다. 행동의 인과를 말할 때, 결과에 해당하는 것이 죽음이면 원인에 해당하는 것은 '의도'이지 '동기'가 아니다. 동기가 불확정적인 것은 그 때문이다. 사람들이 동기를 찾으려고 하는 것은 왜이고 언제인가? 사람들은 자살테러자의 동기를 어떤 이야기로 엮어내고 있는가? 대체 무엇이 숨겨진 진실의 기호라는 건가? 대체 무슨 진실이 숨겨져 있다는 건가?

이제부터는 자살테러자에 대한 전형적인 설명 몇가지를 다룰 텐데, 여기서 내가 하고 싶은 말은 이런 설명들이 자살테러자에 대해 알려준다기보다는 종교적 주체와 정치적 폭력을 다루는 자유주의적 가정들에 대해 알려준다는 것이다.

—

유명한 종교학 이론가 이반 스트렌스키(Ivan Strenski)

는 자살테러를 "개인의 심리적 동기"로 설명하는 것으로
는 충분하지 않다는 점을 강조하면서, 사회학적·신학적
관점을 취할 것을 촉구한다. 뒤르켐 학파의 글에 의존하
는 그의 논지는 자살테러라는 현상을 이해하는 데 자살 자
체를 설명하는 이론보다 희생과 선물이라는 종교적 개념
이 좀더 유용하다는 것이다. 그는 알박스(Maurice Halb-
wachs)가 자살과 희생을 상세히 구분함으로써 뒤르켐의
자살론을 수정, 발전시킨 최초의 이론가였음을 새삼 지적
한다. 자살과 희생을 가르는 기준은 **사회**의 태도이며 사회
의 태도를 가장 분명하게 보여주는 것은 제의의 형태가 있
는지 여부다, 제의의 형태로 표현되면 희생이고 제의의 형
태가 없으면 그냥 자살이다,라는 것이 알박스의 구분이었
는데, 스트렌스키는 이 논의를 그대로 반복한다. "희생은
근본적인 의미에서 **사회적** 행위, 본질적인 의미에서 관계
망이 연루되는 행위, 전형적인 의미에서 (⋯) 사회적 교환
의 체계 속에 활성화되는 행위다. 희생을 이해하려면, 어
느 한 개인의 정신역학을 고려하는 것만으로는 부족하다.
나아가, 희생은 사회적 행위에 그치지 않는다. 희생에는
강력한 종교적 울림이 있다. (⋯) 라틴어 어원 사크리피키
움(sacri-ficium)에는 '성스럽게 한다'라는 뜻이 있다. 실
제로 뒤르켐 학파 연구자들에게 희생이란 넘겨주는 행위,
내어주는 행위를 통해 **뭔가를 성스럽게 만드는 것**을 의미한

다."[5] 스트렌스키에 따르면, 자살테러범에게 자기희생은 나라를 위해서 자기를 선물로 바치는 행위, 자기를 나라에 선물함으로써 나라를 축성(祝聖)하는 행위다. 실제로 모든 자살테러범은 자기의 행위가 팔레스타인이라는 나라, 곧 움마(umma)를 위하는 일이라 믿고 있다. "지하디즘의 공리주의적 시각[이 공격작전을 군사전술로 보는 시각]의 중요성을 축소하려는 것도 아니고, 이 공격작전의 다가성(多價性)을 축소하려는 것도 아니다. 다만 내 주장은 이른바 자살테러 내지 순교테러라고 하는 이 공격작전을 [팔레스타인을 위한] 희생제물로서 신중하게 검토해볼 필요가 있다는 견해와 연결된 여러 의미 갈래들을 집어낼 수 있으리라는 것이다."[6] 요컨대 스트렌스키의 분석은, 희생이 종교적 주체를 구성하는 본질이고 따라서 폭력이 종교적 주체의 필수요소라는 견해에서 출발하고 있다.

여기서는 세가지를 짚고 넘어가야 한다. 첫째, 뒤르켐에게는 자살을 포함한 모든 행위가 사회적 행위다. 뒤르켐이 자살테러를 다뤘다면 '이타적 자살' 범주에 넣지 않았을까 싶다. 뒤르켐은 자살이라는 가장 사적인 행위에서 사회적 결정요소들을 규명함으로써 '개인'이라는 개념에 문제를 제기한 최초의 이론가였다. 스트렌스키의 설명은 아직 "그들을 그렇게 하게 만드는 것은 무엇인가?"의 수준, 곧 동기를 찾는 수준에 머물러 있다. 동기를 '제의'라는 말로 바꾼 덕에 종교적 테마를 말하기가 쉬워졌을 뿐이다.

둘째, 이슬람 전통에서 짐승의 도축을 수반하는 희생제의(다비하dhabīha)를 행하는 경우는, 신의 명령에 응할 때(예컨대 연례 순례), 신에게 감사를 표할 때(예컨대 여행에서 무사히 돌아왔을 때, 또는 중병에서 회복되었을 때), 특정한 잘못을 뉘우칠 때(일명 카파라kaffāra), 이렇게 세 가지 경우다. 이 중에 자살테러자에게 해당되는 것은 없다.

셋째, 희생제의를 통해 뭔가가 '성스러워진다'라는 스트렌스키의 생각은 보기보다 막연하다. 나는 다른 글에서 '성스러운 것' 개념의 문제적 속성을 논한 바 있는데, 어쨌든 이슬람 전통만을 놓고 이야기하자면, 희생제의를 통해 '성스러워지는' 것은 아무것도 없다. 희생제물을 받는 신, 희생제물을 바치는 인간, 희생제물, 셋 다 성스러워지지 않기는 마찬가지다. 물론 희생제의 자체, 즉 희생제의의 언사들을 가리켜 '성스럽다'라고 하는 것은 가능하다. 희생제물을 바치는 사람의 도덕적 지위가 올라가는 것도 사실이다. 하지만 희생제의가 희생제물을 바치는 사람을 성스러운 존재로 만들어주지는 않는다. 스트렌스키는 그리스도가 스스로를 최고의 선물로 내어주었다는 기독교의 선물 개념을 희생 일반의 모델로 채택한 것 같다. 하지만 '선물'을 뜻하는 아랍어 하디야(hadiyya)가 희생의 맥락에서 쓰인 경우는 한번도 없고, 스트렌스키의 핵심 개념인 희생을 뜻하는 아랍어 꾸르반(qurbān)은 아랍어권 무슬림이 짐승의 도축을 수반하는 희생제의를 가리킬 때 사용하는 단어가 아니라 아랍어권 기독교도가 '성찬식'을 가리킬 때 사용하는 단어다. 실제로 꾸란에는 꾸르반이라는 단어가 세번 나오는데, 3장 183절에서는 모세의 방식을 따르는 번제를 가리키고(이슬람에는 번제가 없다), 5장 27절에서는 성경의 카인과 아벨 이야기를 가리키고, 46장 28절에서는 제의를 통한 대속을 믿었던 전(前) 이슬람 신앙을 가리킨다(꾸란은 그런 대속을 인정하지 않는다).

이슬람의 고전적 개념인 순교자(샤히드shahīd) 개념과 희생(다히야dahīyya) 개념의 차이에 대해서는 뒤에서 더 이야기하겠지만, 일단 한가지만 짚고 넘어가자. 우리는 샤히드 개념을 좀더 자세하게 검토해야 한다. 이 개념이 역사적으로 어떻게 사용되었고 최근에 어떻게 사용되고 있는지를 자세히 검토해본다면, 샤히드와 희생의 관계가 임의적이며 샤히드의 실제 용법이 스트렌스키의 용법에 들어맞지 않는다는 점을 알게 될 것이다. 다른 문화권의 종교적 주체를 운운하려면, 그 문화권에서 실제로 사용하는 개념을 다뤄야 하지 않겠는가.

내가 스트렌스키의 설명 방식에서 문제라고 보는 것은 법정식(法庭式) 동기해석이라는 점이다. 모든 법정식 해석이 그렇듯 스트렌스키의 해석 또한 특정 유형의 동기를 재구성함으로써 죄상을 밝히고 유죄를 선고할 수 있다고 본다. 팔레스타인 자살테러범들은 정신이상자가 아니다. 불가항력의 상황에 몰려 어쩔 수 없이 그런 짓을 저지른 것도 아니다. 자살테러범들은 초월적 가치를 얻기 위해 개인의 생명(자기의 생명과 타인의 생명)을 내놓기를 선택하는 종교적 전통의 언어로 자기가 저지른 폭력을 정당화하기를 **선택**했으며, 따라서 자신의 행위를 온전히 책임질 의무—능력—가 있다. (이스라엘 점령군의 폭압이 그런 범죄 행위의 원인이라는 말이 많지만) 범죄 행위의 원인은 가해자의 자유로운 의도이지 이스라엘 점령군의 폭압이 아니다. 이상이 팔레스타인 자살테러범들에 대한 법정식 해석이다. 범인을 밝혀냄과 함께 종교가 어떻게 범행에 자양분을 제공했는지를 밝힘으로써 이스라엘 사회를 위협하는 것이 무엇인지 짚어주는 해석이자, 국가가 안보를 위해 폭력의 공간을 확장하는 일이 필요하겠다고 여기게 해주는 해석이다. 법이 범죄로 규정하는 것은 민간인을 무면허로 살상했다는 행위이지만, 저널리스트·안보전문가들의 일차적 관심은 이렇듯 왜 그런 끔찍한 짓을 저질렀나 하는 범인의 동기다. 그런데 범인이 사건 도중 죽었으니 동기를 철저히 밝혀내기란 불가능하다. 아이러니하게도 자살테러자의 동기를 추측할 수 있는 것은 자살테러 미수범에 대한 재판 때문이다. 사회과학자나 소설가나 영화감독이 살아 있는 테러범의 동기를 죽은 테러범에게 덮어씌우는 것은 그 때문이다. 스트렌스키는 동기를 이른바 희생의 맥락에서 재서술하는 종교적 모델을 내놓음으로써 자살테러를 '종교적 테러'로 명명할 수 있게 해준다. 자살폭파범 쪽을 윤리적 저개발—따라서 전근대—로 정의하고, 정치에서 세속적이고 종교에서 개인적이고 따라서 폭력에서 원칙적으로 규제적·합리적·합법적인 반대쪽을 문명화된 사회로 정의할 수 있게 해주는 모델이다.

—

하지만 다른 방식으로 해석하는 것도 가능하다. 폭력 행위의 유형들과 각 유형에 해당하는 주체들을 다른 방식으로도 정의하고 분류할 수 있다는 뜻이다. 표면적 모순을 어느 해석틀로 화해시키느냐에 따라 많은 것이 달라지기 마련이다. 스트렌스키의 해석보다 훨씬 나은 해석이라고 말할 수 없을지는 모르겠지만, 좀더 복잡한 해석일 수는 있다.

메이 자이으시(May Jayyusi)는 최근 발표한 미출간 논문에서,[7] 자살전투원을 이해하려면 특정한 억압적 권력들에 저항하는 과정에서 만들어진 새로운 형태의 정치 주체들을 고려해야 한다고 주장한다. 그러면서 그런 권력들(이스라엘군, 유대인 정착촌, 팔레스타인 자치정부, 이슬람의 지하드와 하마스)을 설명하기 위해 조르조 아감벤(Giorgio Agamben)의 '호모 사케르'(homo sacer)를 거쳐 카를 슈미트(Carl Schmitt)의 '예외 상태' 개념을 끌어오기도 하고, 이스라엘의 점령 정책 및 정착 정책, 팔레스타인의 저항, 국제 정세(이란 혁명), 국제 협약(오슬로협정) 등을 중심으로 형성되는 정치적-이데올로기적 자장의 중요성을 강조하기도 한다. 스트렌스키의 설명처럼 지엽적이지도 않고, **종교적** 행위를 설명하는 데서 시작하지도 않는다.

자이으시에 따르면, 오슬로협정은 팔레스타인 주민들을 통제하고 각종 예외 규정을 집행하는 자치기구를 설립하기 위한 시도였다. 하지만 오슬로협정의 결과는 피점령지 주민 전체가 팔레스타인 자치정부의 치안활동에 볼모로 잡히게 되었다는 것이었다. 이스라엘은 팔레스타인 지구 바깥에서 팔레스타인 지구에 주권을 행사하는 지배적 공권력이었다. (이스라엘의 암묵적 국경의 애매모호함──어디서부터 어디까지를 이스라엘이라고 해야 할지 정확히 알 수 없다는 것──은 오랫동안 이스라엘의 전략적 우위를 구성하는 한 부분이었다.) 이로써 팔레스타인 자치정부는 한편으로 주권을 추구하면서도 다른 한편으로는 점령국의 치안업무를 맡는 데 무조건 동의함으로써 주권을 무한정 넘겨주어야 한다는 해결 불가능한 모순에 봉착했다,라는 것이 자이으시의 지적이다. 그럼에도 오슬로협정과 함께 일반 주민 사이에서 새로운 그 무언가——이른바 "자유의 상상계"——가 출현했다는 것이 자이으시의 주장이다.

협정 초기, 팔레스타인 주민들은 우려를 표하는 경우도 많았지만 대체로 협정을 호의적으로 받아들였던 것 같다. 협정 체결 직후 여론조사 결과를 보면, 전투적 이슬람주의 운동 지지층이 약 13퍼센트까지 떨어졌던 것을 알 수 있다. 하지만 팔레스타인 자치정부의 세속파 정치 엘리트가 협정으로 말미암은 모순적 조건을 헤쳐나갈 정치력을 발휘하지 못하리라는 것이 분명해지자, 이슬람주의 지지층은 3분의 1 선까지 올라갔다. 달라진 것은 물론 여론조사 결과만이 아니었다. 이슬람주의자들이 복지를 담당하면서 돌봄 서비스와 도움 서비스가 정파와 무관한 이웃 기반으로 모두에게 돌아갔다. 또한 모스크가 이슬람 담론의 현장이 되면서 주체는 점점 개인적이고 도덕적인 범주이자 모종의 집단적 운동에 결부된 범주가 되었다.

팔레스타인 자치정부가 무능하고 부패한 집단, 적법한 지휘계통도 없고 이스라엘 세력에 저항할 능력도 없는 집단이라는 인식이 널리 퍼지면서, 오슬로협정 때만 해도 팔레스타인인들의 국가가 세워질 가능성을 인정하는 것 같았던 이스라엘이 간단하게 말을 바꾸었다. 요르단강 서안과 가자 지구에서 유대인 정착촌을 계속 확장했고, 팔레스타인 자치정부에게 급수통제권을 주지 않았으며, 팔레스타인인들의 수요가 아닌 정착민들의 수요에 부응하는 도로망을 새로 건설했다. 점점 많은 토지를 몰수했고, 점점 많은 건물을 파괴했고, 전투원은 물론 전투원의 친지까지 처벌했다. 여기에 더해, 팔레스타인인들은 무수한 검문소에서 일상적 모욕에 시달렸다. 이 모든 것이 억누를 수 없는 분노로 귀결되었다고 말하는 자이으시는 한나 아렌트(Hannah Arendt)의 발언("분노는 '조건이 변할 수 있는데 변하지 않는 것뿐이라고 의심할 이유가 있을 때만' 발생한다")을 인용하면서 이 발언을 오슬로협정 이후의 팔레스타인 투쟁과 연결시킨다. 그렇지만 내가 볼 때, 아렌트의 발언에서 팔레스타인 투쟁과 연결될 수 있는 대목이 있다면 그것은 억누를 수 없는 분노를 말하는 대목이 아니라(계획적 자살테러는 억누를 수 없는 분노의 사례가 아니다), 법을 위반하는 방식으로 불의에 맞서는 살상 행위를 다루는 대목이다. 아렌트가 말하고자 하는 것은 그것이 폭력적 행위라는 것이 아니라 적법한 정치적 수단이 차단된 상태에서의 즉각적(spontaneous) 행위라는 것이다. 그도 그럴 것이, 아렌트에게 정치적 행동에 나설 수 있다는 것은 사람을 한 개인으로 만들어주고 이로써 한 인간으로 만들어주는 요건이요, 그러면서 사람에게 세속적 형태의 불

멸성을 안겨주는 요건이다.[8]

제2차 인티파다〔intifada, 팔레스타인인들의 반反이스라엘 투
쟁─옮긴이〕가 시작된 것은 2000년 10월이었다. 아리엘 샤
론(Ariel Sharon)이 팔레스타인에 대한 이스라엘의 주권
을 과시할 목적으로 알아끄사(al-Aqsa) 사원의 성소에 발
을 들여놓는 도발을 감행한 직후였다. 샤론의 도발이 하마
스에게는 정치적 주도권을 과시할 기회가 되었다. 2001년
1월 1일, 하마스가 최초의 자살공격 작전을 감행했다. 그
후로는 다른 (세속) 정파들도 이런 작전을 감행하기 시작
했고 나중에는 일반 주민들까지 이 대열에 합류했다. 제2
차 인티파다의 포문을 연 것은 1980년대 초에 '이슬람 지
하드'를 창설한 파티 시카키(Fathi Shikaki)였다.

이렇듯 이슬람은 자이으시가 들려주는 이야기에서도
자살공격 작전을 설명하는 중요한 요소로 등장한다. 하지
만 스트렌스키 등이 들려주는 이야기와 비교하면, 이슬람
을 좀더 넓은 맥락에서 논의하고 있다. 예를 들어, 이슬람
무력투쟁을 두 요소의 혼합으로 설명하고 있다. 순교가 중
심적 역할을 한다는 것이 한 요소이고(여기에 영감을 준
것은 이란의 사례다), 모스크를 중심으로 개인화가 진행된
다는 것이 또 한 요소다(이를 주도하고 홍보하는 것은 하
마스이다).[9]

자이으시는 아감벤을 깔끔하게 뒤집는 결론을 내린다.

"'호모 사케르'가 주권에 의해 죽임을 당하는 것은 가능하되 희생제물이 되는 것은 불가능한 존재라면, 여기서의 순교자는 이 관계를 뒤집음으로써 주권에 의해 희생제물이 되는 것은 가능하되 죽임을 당하는 것은 불가능한 존재로 탈바꿈한다. 순교자들의 유서를 보면 '살아 있는 순교자'(ashshaheed al-hayy)라는 서명이 많다. 그들은 희생제물이 되는 것은 가능하되 죽임을 당하는 것은 불가능한 존재다. 꾸란의 한 구절──"하느님의 길에서 순교한 자가 죽었다고 생각지 말라, 그들은 하느님 곁에서 하느님의 양식을 먹으며 살아 있노라"──은 바얀(bayan, 이슬람 설법──옮긴이)의 특징을 잘 보여준다.[10] 자살전투원의 동기를 설명하기 위해 팔레스타인의 정치 상황과 함께 이렇듯 희생이라는 종교적 개념을 끌어들인다는 점은 자이으시도 마찬가지다. 다만 자이으시의 설명에는 시위의 요소가 포함되어 있다. 순교자의 폭력적 죽음이 어떤 의사표현이라는 설명인데, 팔레스타인인의 생사에 대한 책임을 이스라엘 점령군에게서 빼앗아 팔레스타인인 자신에게 되돌려준다는 점에서 그 자체로 낙관적인 설명이고 그런 점이 이 설명의 매력 요소다. 하지만, 샤하다(shahāda)와 관련된 설명이 너무 단순한 것은 아쉬운 점이다.

실제로 팔레스타인인들은 (종교적 어휘를 써야 할 때) 이스라엘과의 분쟁에서 죽은 모든 민간인을 슈하다(shuhadā, 샤히드shahīd의 복수)라고 부르는데, 여기에는 이스라엘이 팔레스타인 전투원들을 공격할 때 목숨을 잃은 무고한 사람들이나 돌팔매질을 하다가 이스라엘군의 총에 맞아 죽은 아이들도 포함된다. 샤하다가 희생제의와 본질적으로 관련돼 있으며 샤하다는 곧 희생제의의 한 형태라는 자이으시의 주장은 이 광의의 슈하다 개념을 설명할 수 없다. 이 광의의 슈하다 개념에서 중요한 것은 개인적 동기나 정치적 시위가 아니라, 적국 점령군과의 폭력적 조우로 빚어진 치명적 결과다. 이스라엘인들과의 조우로 폭력적 죽음을 맞은 **모든** 팔레스타인인들은 자기의 신앙을 증언하는 증인(슈하다)으로 죽은 것이라고 할 수 있다. 단, 그 죽음이 제의화되는 경우는 거의 없다. 샤히드의 죽음은 희생의 구성요소라기보다는 그 자체로 승리의 구성요소다.[11]

이 광의의 슈하다 개념은 특별한 이유가 주어지지 않는다면 받아들여지기 힘든 죽음에 대한 더 오래된 견해들과 일맥상통한다. 수백년 이상을 거슬러 올라가는 이슬람 전통에서는 전쟁과 무관한 죽음 몇가지를 샤하다로 설명해왔다.

'예언자' 무함마드가 했다는 말 중에 신앙을 위해 죽임을 당하는 사람만 순교자인 것은 아니라는 말이 있다. 샤히드라는 명예로운 칭호를 얻을 수 있는 죽음이 일곱

가지가 더 있다는 뜻이었다. 그 내용을 보면, 대의를 위한 자발적 자기희생과는 무관한, 재난이나 질병으로 말미암은 죽음이 대부분이었다. 시간이 흐르면서 다른 사인(死因)들이 추가되었다. 이제는 자기의 소유를 지키다가 죽는 사람, 집을 떠나 멀리 타국에서 죽는 사람, 높은 산에 올라갔다가 떨어져 죽는 사람, 야생짐승을 만나 갈기갈기 찢겨 죽는 사람 등도 슈하다 범주에 포함된다.[12]

이렇듯 자연재해든 인재든 치명적 재해와 조우한다는 것은 영원한 신이 창조한 세계 내 인간의 유한성을 나타내는 기호로 구성될 수 있다. 요컨대 '피점령지'에서 죽임을 당한 팔레스타인 민간인들이 슈하다로 간주되는 데는 두가지 이유가 있다는 것이 내 생각이다. 첫째는 재난과 조우했다는 것, 둘째는 영생을 얻을 수 있는 방식으로 죽었다는 것이다. 물론 육체적 영생은 아니다. 죽으면 개인의 육체적 존재도 끝난다는 것을 누가 모르겠나. 어쨌든 외적 원인으로 죽었다면 동기를 논하기란 불가능하다. 물론 폭력을 논하는 것은 가능하겠지만, 이때의 폭력은 자살함으로써 다른 사람들을 죽인다는 스펙터클한 행위 속에 등장하는 폭력이 아니라(이 행위를 이스티샤드(istishād, 지하드 전사戰死─옮긴이)로 볼 수 있느냐는 무슬림 학자들 사이에서 논란거리다), 인간의 필멸성 개념과 관련된 폭력이다. 때 이른 죽음 가운데 인과응보의 죽음이 아닌 것은 모두 폭력적인 죽음이기 때문이다. 이른바 정당한 전쟁에서 (능동적으로 **아니면 수동적으로**) 죽은 신앙인이 슈하다 범주에 포함되지 않는 것은 아니나, '정당한 전쟁'에 나가 싸웠다는 것이 슈하다를 정의하는 필수요소는 아니다.

내가 자이으시의 설명에서 문제라고 보는 점은 희생을 강조하다 보니 자살테러를 국가 정치의 도착적 형태로 설명하는 유행에 너무 휩쓸리게 되고 그러면서 그네들 특유의 '죽음 문화'라는 것이 있다는 무익한 말까지 하게 된다는 점이다. 죽음 문화라는 용어가 쓸모없다는 뜻이 아니라, 죽음 문화를 비(非)자유주의적 관점에 갖다 붙인다는 단순한 목적하에 너무 조야하게 사용하고 있다는 뜻이다. 뒤에서 더 논의하겠지만, 자유주의에도 자유주의 나름의 죽음 문화가 있다.

—

그렇다면 자살테러를 근대 중동에서 출현한 정치문화, 즉 죽음 문화의 표현이라고 보는 것은 가능할까? 몇몇 논자들은 가능하리라고 생각한다.

프랑스의 유명한 정치학자로 북아프리카를 전공하는 브뤼노 에띠엔(Bruno Étienne)은 자살전투원들을 기나

긴 폭력의 역사 속에 자리매김해보고자 한다. 식민지 이전 시대에도 억압이 있었고(에띠엔이 지적하듯이, 오스만인들이나 근대 터키인들이 같은 이슬람을 믿는 피지배자들에게 무자비하지 않았던 시기는 거의 없었다), 식민지 정복전쟁이 있었고(전쟁에 승리한 프랑스인들은 귀와 고환을 수집했다), 식민지 폭력이 있었고(프란츠 파농Frantz Fanon은 이 시대를 다루었다), 탈식민 전쟁이 있었고(고문, 암살, 특정 방식의 신체절단을 자행한 것은 양쪽 모두 마찬가지였다), 독재정권들의 폭정이 있었고(국가주의 정권이나 이슬람주의 정권이나 마찬가지였다), 팔레스타인 주민이 살던 땅에 이스라엘이라는 나라가 세워진 뒤로는 이스라엘군이 팔레스타인 주민에게 가하는 폭력이 새로 나타났다.[13]

에띠엔이 아랍 세계의 역사 속 폭력의 누적 효과가 자살테러를 초래하는 **원인**이라는 시각을 갖고 있는 것인지, 아니면 단순히 자살테러가 중동 내 폭력의 역사를 이어나간다는 시각을 갖고 있는 것인지는 확실하지 않다. 어느 쪽이 됐든 에띠엔은 자살테러가 특별한 이론적 논의를 필요로 한다는 데 대해서는 전혀 의심이 없다.[14] 정신분석학을 들여온다면, 이 두 시각을 희생 개념으로 결합하는 것도 가능해진다. 정신분석학은 희생을 무의식적 부친살해 욕망으로 설명한다. 프로이트에 따르면 토템신앙의 희생제

의는 원초적 범죄의 무의식적 반복이고,[15] 머니-키를(Rog-
er Money-Kyrle) 등 다른 정신분석학자들에 따르면 각 개
인이 발달과정에서 습득하는 무의식적 부친살해 욕망은
선물 개념과 결부돼 있다.[16] 자살테러를 희생으로 보는 것
은 기독교와 포스트기독교 전통에서 파생된 의미를 자살
테러에 쑤셔 넣는 데 불과하다는 것이 지금까지 나의 전반
적인 논지였다. 자살테러가 희생이라는 **설명**은 내가 보기
에는 부적당한 설명이다. 하지만 자살테러가 희생이라는
견해는 근대 국가주의의 정치적 상상계 속에서 중요하게
작용하고 있다. (이에 대해서는 뒤에서 더 논의하겠다.)

에띠엔은 팔레스타인 전투원들의 상황을 열거한다. 적
의 군사력은 자기네와 상대가 안 될 만큼 막강하다. 아랍
형제들의 시혜성 발언에서는 자기네에 대한 경멸이 느껴
진다. 거대한 분리장벽과 무수한 검문소에서 이스라엘의
경멸이 느껴지는 것은 물론이다. "이런 상황이 경멸과 혐
오를 생산하면서 잠재적이었던 자기혐오를 절대적 타자혐
오로 변형시킨다."[17] 이것이 에띠엔이 설명하는 팔레스타
인 전투원들의 감정 메커니즘이다. 그런데 이 메커니즘 가
운데 자기혐오가 대체 어디서 만들어진다는 건가?

에띠엔의 논의에서 특히 거슬리는 점은 일신교가 본래
이런저런 경향이 있다는 통념에 의지해 이슬람 담론을 기
독교 담론에 흡수시킨다는 것이다(그 점은 스트렌스키도

마찬가지였다).[18] 실제로 중세 이슬람 문헌과 중세 기독교 문헌을 비교해보면, 이슬람 쪽에는 유럽인들이 '순교'라고 지칭하는 것을 별도로 다루는 문헌이 거의 없다. 기독교 용어와 이슬람 용어(순교자martyr와 샤히드shahīd)가 어원상 연결된다고는 해도 어쨌든 이 둘은 서로 다른 개념이다(둘 다 '증인'이라는 어원을 갖고 있다—옮긴이). 샤히드를 기독교적 '순교자' 개념과 구별하는 다양한 의미, 이를테면 의도하지 않은 죽음 등에 대해서는 내가 이미 지적했다. 꾸란에는 샤히드가 신을 위해 죽는 사람이라는 뜻으로 쓰인 예가 없다. 사람들이 그런 예로 자주 인용하는 구절(9장 52절)에는 후스나야인(husnayayn, "영광스러운 일 두가지")이라는 표현이 있지만, 이를 "신을 위한 승리 아니면 신을 위한 죽음"으로 해석하는 것은 관행일 뿐이다.[19] 이스티샤드를 전투원(무자히드(mujāhid, 지하드 전사戰士. 복수는 무자헤딘mujāhidin—옮긴이))의 자살공격 테크닉으로 보는 것은 철저하게 근대적인 견해일 뿐이다.[20]

에띠엔이 정신분석학에 끌린다는 점을 흥미롭게 여길 수는 있겠지만, 에띠엔이 정리하는 프로이트의 죽음충동 개념 자체는 그리 흥미로울 것이 없다. "개인의 재현작용이 제대로 이루어지지 않을 때 에너지가 남아돌게 되고, 바로 이 에너지 과잉이 죽음충동의 원인이 된다. 모든 것이 없어졌을 때, 정치 모델도 없어지고, 유토피아도 없어지고, 희망도 없어지고, 해법도 없어지면서 가능태의 재현 작용이 중단되었을 때, 에너지가 폭발한다! 자극의 과잉이 파열을 초래하고, 행위자(삐에르 부르디외Pierre Bourdieu 가 말하는 l'agent)의 욕망이 쏟아져 나온다. 이때 행위자 는 전쟁신경증을 배출구로 삼는 모종의 방출운동이 일어 나는 장(場)이 된다."[21] 자살전투원이 죽기를 원하는 이유 가 정치적 상상력이 부족해서라는 에띠엔의 설명은 개연 성이 없을 뿐 아니라(자이으시의 설명을 떠올려보자), 정 치와 폭력이 상호 배타적이라고 가정한다는 점에서도 문 제가 있다. 이 가정에 대해서는 이 장의 마지막 부분에서 다루겠다.

프로이트에 따르면, 계속 살아가라고 떠미는 압력과 죽 음으로 떠미는 압력은 모든 생명체의 영구적·모순적 충동 이다. 이러한 논의는 사람이 자기의 죽음을 향해 가는, 때 로 의식적·적극적이고 때로 무의식적·소극적인 그 모든 방식에 대해 질문을 던지게 해준다. 프로이트의 모든 논의 에 전부 동의하지 않더라도(굳이 프로이트주의자가 되지 않더라도) 그 사실을 부정할 필요는 없다. 프로이트의 죽 음충동 논의를 보면, 개인이 어떻게 죽기를 결심하게 되 는가를 설명할 수 있는 간단한 방법은 없다. 자살테러자가 적 안에 존재하는 자기 자신을 제거하고자 하는 **충동**을 따 르고 있다느니, 그렇게 자기 자신을 제거함으로써 적을 제거하기를 **선택**했다느니 하는 설명을 해볼 수는 있다. 하지만 스스로 목숨을 끊는 일과 전쟁을 일으키는 일 사이의 차이는 어떻게 설명하겠는가? 프로이트에게는 둘 다 공격 충동이다. 죽음충동은 (살아가고자 하는 충동과 마찬가지로) 주체의 욕망이면서 동시에 의식적 주체 너머에서 작용하는 어떤 초월적인 힘이다. 문명이 진보할수록 죄의식의 훈육 메커니즘이 발달하면서 공격성이 점점 내면화된다는 프로이트의 말과 달리, 이 충동 ─ 전쟁을 일으킬 수 있는 능력, 전쟁을 일으키겠다는 의지 ─ 을 가장 당당하게 발현하는 것은 이른바 문명화된 나라들이다. 1장에서도 논의했듯이, 죄의식이 위반의 반복을 막지는 못한다. 에띠엔에게는 (그리고 프로이트에게는) 전쟁이 신경증인지 몰라도, 실제로 전쟁은 집단적 체계화·합법화·윤리화를 통해 성립된 파괴 게임이다. 훨씬 더 야만스러운 게임 플레이어는 미개한 나라가 아니라 오히려 문명화된 나라다. 자살이 신경증이라면 그저 비유적인 의미에서 그러할 뿐이다. 전쟁 중에 자살률이 현저하게 감소하는 경향이 있다는 증거가 꾸준히 나타나고 있다.[22]

에띠엔을 좀더 인용해보겠다. "행위자가 (세뇌당한 행위자든 아니든) 자멸적 행위를 취하는 순간은 언제인가? 1990년대 알제리의 경우처럼 사회 전체가 자기 자식을 살육할 정도의 '광기'에 빠지는 것은 어떤 '객관적' 조건이 조성될 때인가? (…) 자기에 대한 혐오가 '타자'에 대한 혐오로 변형되고 있었다. 알제리가 대부분의 아랍 국가들과 마찬가지로 '타자', 즉 토박이 유대인들과 유럽 출신의 외국인들(그리고 외국어 사용자들)을 잃고 형제끼리 카빌인으로, 베르베르인으로, 아랍인으로, 이슬람주의자로 마주했던 것이 상황을 더 악화시켰다. 여기서 비롯한 것이 수십만명 이상의 사망자를 낸 내전이었다."[23] 내가 앞서 던진 "자기혐오가 대체 어디서 만들어진다는 건가?" 하는 질문에 대한 대답을 여기서 찾을 수 있겠다. 에띠엔에 따르면, 자기혐오가 만들어지는 무대이자 자기혐오를 만들어내는 동력은 지독한 내전이며, 이때의 자아는 내전을 겪으며 스스로를 살해하고 있는 국민이다. 이 설명의 위험성은 내전을 둘러싼 복잡한 역사가 자살의 은유로 축소된다는 것, 그리고 자살의 은유가 팔레스타인 전투원들의 진짜 자살과 등치된다는 것이다. 결국 이 설명은 알제리 내전과 팔레스타인 분쟁이 이슬람 죽음 문화의 두 사례라는 주장으로 귀결된다.[24]

—

데이터를 수집하는 정치학자 로버트 페이프(Robert Pape)는 자살테러자를 이해할 방법을 알려주는 것은 통계

수치라고 주장한다. 그에 따르자면, 자살테러자는 전쟁의 전략을 사용하는 것뿐이다.

1년간의 작업 끝에 1980년부터 2001년까지 세계 곳곳에서 발생한 모든 자살테러 사건의 데이터베이스를 구축했다. 사건은 총 188건으로, 1명 이상의 테러범이 살상 목적으로 자살한 사건을 모두 포함시켰다. 단, 정부가 승인한 공격, 예컨대 북한의 대남공격 등은 제외했다. 데이터를 통해 알 수 있는 바와 같이, 자살테러는 이슬람 근본주의와 거의 무관하다. 좀더 정확하게 말하면, 어떤 종교와도 거의 무관하다. 가장 막강한 자살테러 교사 세력은 '타밀호랑이'라는 스리랑카의 맑스-레닌주의 조직으로, 힌두교도 가정 출신이면서 종교에 철저하게 반대하는 조직원들로 구성돼 있다(188건 중 75건이 그들의 소행이었다). 거의 모든 자살테러 작전의 공통점은 테러범이 자기 나라 땅이라고 생각하는 영토에 주둔하고 있는 자유민주주의 국가의 병력을 철수시킨다는 구체화된 세속적·전략적 목표가 있다는 것이다. 종교가 자살테러 작전의 근본적 원인인 경우는 거의 없다. 단, 테러조직이 전투원 모집 등 전반적인 전략적 목적에 종교를 이용하는 일은 왕왕 있다.

페이프가 지적하는 것은, 자살테러가 마구잡이로 일어나는 우연한 사건이 아니라 체계적 군사작전의 일부라는 점, 그리고 사상자 규모로 볼 때는 자살테러가 여러 테러 형태 가운데 가장 효율적이라는 점이다. 자살테러가 테러에서 차지하는 비율은 3퍼센트에 불과하지만, 자살테러 사망자는 전체 테러 사망자의 거의 절반이다(9월 11일 사건의 사망자를 제외한 수치다).[25] 자유민주주의 국가의 시민들이 엄청난 대가를 치르게 될 것이라는 신호는 곧 자유민주주의 국가의 병력을 철수시키라는 압력이다. 페이프에 따르면, 테러 사건은 광범위하게 매체화된다는 점에서 곧 "성명서"다. 그렇지만 여기에 한가지 덧붙여야 하는 것은, 이런 표명성이 테러 사건만의 특징이 아니라 현대의 자잘한 전쟁들의 전반적인 특징이라는 점(1991년, 2003년 미국의 이라크 공격은 정치극의 유명한 사례들이다), 나아가 매체 이미지를 차용하거나 매체 이미지에 대응하는 것은 모든 대중정치의 특징이라는 점이다.

자살테러가 자잘한 반란진압 전쟁들의 맥락에 자리매김돼야 하리라는 페이프의 말은 옳다. 그렇지만 페이프는 자살테러의 표적이 되는 국가들에 대해 한가지 중요한 사실을 언급하지 않고 있다. 내가 볼 때 그런 국가들의 가장 중요한 특징은 자유민주주의 국가라는 점이라기보다는 강력한 군대가 있다는 점이다. 반군이 표적으로 삼는 적은 피점령지 민간인에 대한 (종종 극히 효과적인) 통제 수단을 확보하고 있을 뿐 아니라 가공할 전쟁무기를 보유하고 있으며, 따라서 전면전으로는 결코 그런 적을 상대할 수 없는 것이 사실이다. 하지만 자살공격이 효과적이라는 페이프의 주장과는 달리, 팔레스타인의 자살공격 작전들은 실제로 역효과를 불러왔다. 군사적으로 보잘것없는 이런 작전들 탓에 이스라엘 내 점령 지속 여론이 강화되었고, 이스라엘 정부의 토지 징수 확대 전략이 정당화되었고, 이스라엘의 대테러 전쟁에 대한 서방의 공감대가 넓어졌다.

여기서 자이으시의 주장을 다시 한번 인용하겠다.

자살공격 사건이 저항의 역사를 이어나가는 조치라는 시각이 필요할 것이다. IDF 통계에 따르면, '1948년 국경선' 내 영토를 겨냥한 공격은 전체 공격의 4퍼센트에 불과하고, 그중 자살공격이 차지하는 비율은 절반 미만이다. 실제로 자기 몸을 폭탄으로 삼는 전투원과 살아 돌아가지 않을 각오로 정착촌이나 경비대를 공격하는 전투원 간의 엄밀한 구분은 하마스 담론에도 없고 전투원 당사자에게도 없다. (여러 증언들을 비교해보거나 실제 데이터를 조회해봐도 그렇다.) 두 부류의 전투원 모두 이스티샤드주의자(Istishhadiyyun), 곧 순교 자체를 최고의 가치로 여기는 순교주의자다.[26]

유감스럽게도 자이으시는 이것이 언제 적 통계인지를 밝히지 않지만(글이 나온 것은 2004년이다), 두가지 주장은 숙고할 만하다. (1) 대(對)이스라엘 공격 대다수는 요르단 강 서안 지구 정착민과 이스라엘군을 겨냥한 공격이었다. (2) 그 와중에 자살공격은 거의 없었다. 그렇다면 팔레스타인에서 발생하는 자살공격이라는 현상, 그리고 그 뿌리라고 하는 이슬람 죽음 문화에 엄청난 관심이 쏟아지는 것은 그저 서방 대중매체에 의해 구성된 담론일 뿐일까? 그런 면도 없지 않겠지만 전적으로 그렇지는 않다. 그 이유는 3장에서 밝히겠다.

페이프는 통계 데이터를 통해 자살테러자의 동기가 전략적 차원에 있음을 밝히려 할 뿐 많은 사람들을 사로잡고 있는 질문, 곧 '왜 개개인이 기꺼이 전투원으로 입대하는가?'라는 질문에 대답하고자 하지는 않는다. 페이프의 설명이 모두를 만족시켜주지 못하는 것은 그 때문이다. 위 질문에는 동기 중심의 설명을 듣고 싶다는 욕망이 전제되어 있다. (그리고 그 욕망에는 동기가 뭐냐는 질문에 하나의 분명한 대답을 내놓을 수 있을 것이라는 가정이 깔려 있다.) 아직 사람들은 동기 중심의 설명 중에서도 종교적 동기, 특히 이슬람을 거론하는 설명을 좋아한다. 그런 설명이 심리 요소(형사재판의 단골 메뉴)와 문화 기호(우리와 그들의 변별점)를 결합하는 모델, 즉 문명(생명 증진)

을 수호하고 야만(죽음 애호)과 투쟁하자는 식의 담론에 적합한 모델을 제공해주기 때문이다.

—

이 장의 마지막 예는 이 시대의 지하드와 순교를 다루면서 아렌트의 몇몇 사상을 검토하는 록산 에우벤(Roxanne Euben)이다. 근대적 의미의 지하드와 순교를 다루는 논객 대부분이 자살테러에 대한 정치적 혹은 종교적 설명을 내놓는 경향이 있는 데 반해, 에우벤은 테러 자체를 주된 논의 대상으로 삼는 대신 모든 정치공동체 안에서 공적 행동, 불멸, 폭력, 죽음이 어떻게 연결되고 어떻게 상충하는가를 추적한다. "우리가 지하드를 적절한 맥락에 위치시킨다면, 지하드 개념은 필멸과 죽음이 정치에 어떠한 함의를 갖는지 검토하는 데 대단히 유용한 방법일 수 있다. (…) 오늘날 이슬람 '근본주의자들'(혹은 '이슬람주의자들')이 채택하는 지하드가 단순히 현세의 권력을 추구하는 어리석고 피비린내 나는 분탕질인 것은 아니고, 그저 내세로 가는 관문에 불과한 것도 아니다. 그들에게 지하드는 일종의 정치행동이다. 한나 아렌트의 어휘를 쓰자면, 그들에게 지하드는 불멸을 추구하는 일과 지상에 정의로운 공동체를 건설 내지 재건하는 철저히 현세적인 일을 하나로 연결하는 정치행동이다."[27] 에우벤은 자힐리야(jāhiliyya)를 중심으로 지하드 개념을 근대적으로 이론화하는 두명의 지하드 이론가 마우두디(Abul A'la Maududi)와 꾸틉(Sayyid Qutb)의 글을 소개한다. 역사적으로 자힐리야는 아랍 사회가 이슬람교를 받아들이기 이전의 시대, 곧 이교의 신앙과 이교의 관심을 따르던 시대를 가리키는 말이었는데, 시간이 가면서 야만스럽다는 윤리적 의미가 포함되었다(아랍어 어근 jahl은 '무지'와 '조악'을 뜻한다). 마우두디와 꾸틉에 따르면, 자힐리야를 (필요하다면 강제로라도) 제거하는 것은 정의로운 무슬림 공동체, 곧 움마를 건설하는데에 반드시 필요한 일이다. 이 공동체는 한편으로는 지상에서 신의 뜻을 실현하면서 다른 한편으로는 "인간이 하는일에 불멸성을 부여한다"(아렌트식 표현). 지하드에 몸담은 사람들이 소망하는 불멸은 세속적(현세적) 영생이면서 동시에 종교적(내세적) 영생이다.

지하디(jihādi)의 다양한 상황들 — 이집트·팔레스타인·아프가니스탄·이라크 등 — 의 차이를 구분하지 않는다는 점에서는 에우벤도 에띠엔과 마찬가지다. 모든 지하디가 움마에 대해 같은 생각을 하는지도 알 수 없고, 심지어 모든 지하디가 움마를 건설하는 일을 특정 시공간에 이미 존재하는 정치공동체를 지키거나 그런 정치공동체에 충성하는 일과 대립하는 지상과제라고 생각하는지도 알 수 없다. 실제로 알카에다 지하디 가운데 이상주의 또는 **르 상띠망**(ressentiment, 분한憤恨)을 동력으로 삼는 인원이 얼마나 되는지, 그저 싸우는 게 좋고 죽이는 게 좋아서 모이는 인원이 얼마나 되는지, 그 또한 알 수 없다.[28] 하지만 어쨌든 에우벤의 논의는 자살테러의 동기—종교적 희생(스트렌스키), 정치적 탄압으로부터의 도피(자이으시), 죽음 충동(에띠엔)—에 대한 설명에서 벗어나, 개인적 필멸과 정치행동의 관계를 묻는 더 어렵고 덜 도덕주의적인 질문들에 답하려 한다는 큰 장점이 있다. 지하드와 샤하다에 대한 에우벤의 분석은 폭력에 대한 변호나 규탄이 아니라 폭력을 지지하는 사람들은 왜 폭력을 지지하는가에 대한 논의다. 그들에게 폭력은 "함께 사는 세상을 다시 세우고자 하는 인간의 투쟁에 실존적 무게를 부여하는 정치행동의 한 형태다. (…) 무자헤딘(mujāhidin)이 추구하는 것은 사후에 주어질 아스라한 상인 반면, 근대적 의미의 지하드는 자힐리야에 맞서 움마를 특정한 역사적 시간 속에 실현시키고자 하는 정치투쟁이다. 거꾸로 말하면, 움마가 현세로 이어진다는 사실이 지하드에 불멸성을 부여한다. 내가 앞에서도 한번 지적했다시피, 이런 논의는 '자기의 일부 내지 자기가 남들과 공유하는 것 중 일부가 자기의 현세적 삶보다 오래 지속되기를 바라는 마음에서 공적 영역에 발을 들여놓았던' 그 시공간을 아쉬운 듯 언급하는 아렌트의 논의와 연결될 수 있다."[29]

물론 아렌트에게 그 시공간은 로마가 몰락하고 기독교가 발흥하면서 사라졌다. 이제는 되살릴 수 없는 세계가 되었다. 어쨌든 아렌트가 보았을 때 개인의 구원을 중시하는 기독교가 현세적·집단적 불멸을 강조하는 이교를 대체한 사건은 분명한 이데올로기상의 변화를 뜻하는 사건이었을 뿐 아니라 정치를 대하는 어떤 태도의 종말—현세에 불멸성을 부여함으로써 인간의 필멸성을 벌충할 수 있는 공간으로서의 정치생활의 종말—을 뜻하는 사건이었다. 에우벤의 궁극적 관심은 무자헤딘의 종교신앙이나 군사기술이 아니라, 무자헤딘의 정치행동이 인간의 유한성, 폭력적 죽음, 정치공동체 사이의 관련들에 대한 모종의 성찰—자유주의 이론에서는 찾아보기 힘든 성찰—을 자극한다는 점이다.

에우벤은 글 끝부분서, 아렌트의 정치관에 동의하지 않는 자유주의 이론가들이라 해도 이 한가지 가정, 즉 정치를 어떻게 정의하든 정치는 폭력과 절대 무관해야 한다는 가정에서만큼은 아렌트와 같은 의견이리라고 정리한다. 그러면서 아테네 자체가 폭력 속에 건국되었고 아테네의 정치영역은 노예·여성·이방인에 대한 폭력적 배제를 통해 유지되었으며, 근대 세계의 모든 자유민주주의 국가들(특히 미국)도 대규모 폭력과 배제로 세워진 것은 마찬가지였다는 말을 덧붙인다. 에우벤의 결론에 따르면, "폭력과 죽음과 정치 사이의 이 현세적 영향관계 앞에서 아우구스티누스는 내세를 바라봐야 한다는 당위를 찾았다. (…) 하지만 이 이슬람주의 지하드 앞에서 우리가 떠올리게 되는 것은 모든 정치가 폭력적이라는 아우구스티누스의 탄식이 아니라 건국의 폭력은 모든 정치의 전제조건이 아니겠느냐는 마끼아벨리의 귀띔이다."[30] 건국의 폭력은 악이지만 건국에서 비롯되는 결과는 선이다,라는 결론이다.

개인의 필멸과 정치적 차원의 불멸을 연결 짓는 아렌트의 논의에 대한 에우벤의 설명은 유익한 면이 있다. 하지만 에우벤이 말하는 정치공간을 구성하는 그 폭력은 자유주의 국가들이 건국되는 순간 이후에도 계속 행사된다는 것은 지적되어야 한다. 건국은 한편으로는 법 제정적 폭력을 자유롭게 행사한 사건이라는 의미에서 한 나라의 역사에서 유일무이한 사건이지만, 다른 한편으로는 어쨌든 과거에 있었던 사건이다. 많은 자유주의자들에게 양심의 가책을 안겨주는 사건이기도 하지만 정치적 배제를 점진적으로 제거해나가면 모종의 만회가 가능하리라는 느낌을 안겨주는 사건이기도 하다. 하지만 건국에 폭력이 행사되었다는 것보다 더 어려운 문제는 살상 폭력이 양질의 정치생활을 유지하는 데 일정한 역할을 한다는 것이다. 그도 그럴 것이, 정치적 형이상학과는 단절된 것으로 보이는 자유주의적 세속사회에서 개인은 도덕적으로 자율적인 존재로서 자신의 삶을 선택할 권리가 있고, 국가는 그 양질의 삶을 위한 조건들을 지키기 위해 폭력을 사용할 권리가 있다. 국내외의 적을 처벌·응징할 권리가 법의 근간이고,[31] 개인에게 근대적 시민으로서의 자기동일성을 부여하는 것이 국가의 법이다.

근대 초기 정치사상사 연구자 리처드 턱(Richard Tuck)의 설득력 있는 주장에 따르면, "로크식 자유주의 내부에 존재하는 유형의 폭력은 르네상스 시대의 폭력정치에서 그 기원을 찾을 수 있는데, 이 폭력에는 자유와 전쟁(내전과 국제분쟁 양쪽 모두)이 한데 얽혀 있다."[32] 정치가 전쟁의 연장이라는 개념——클라우제비츠(Carl von Clausewitz)가 전쟁이 정치의 연장이라는 유명한 아포리즘을 통해 뒤집은 개념——이 태동한 것은 국가가 영토 밖에서는 전쟁을 벌일 수 있고 영토 안에서는 처벌을 가할 수 있는 배타적 권력을 서서히 확보한 르네상스 시대였다. 지금의 자유주의 독트린과 자유주의 관행의 저변에는 그때의 폭력이 깔려 있다는 것이 턱의 주장이다. 자유주의 국가가 자국을 방어할 군대와 질서를 유지할 감옥을 필요로 한다는 단순한 의미가 아니라, 폭력이 정치공동체의 토대이고 따라서 법의 토대라는 의미요, 자유주의 독트린의 근간인 자유 개념 자체에 폭력이 장착되어 있다는 의미다. 그 자유 개념에는 자기방어에 폭력을 사용할 권리(도덕적으로 자율적인 개인의 자연권)를 국가에 양도한다는 전제, 그리고 국가가 개개인의 자유를 지키는 유일한 보호자가 된다(위정자로부터 살상권을 박탈한다, 국내외를 막론하고 국가를 제외한 그 어떤 행위자에게도 살상권을 허용하지 않는다)는 전제가 깔려 있다는 것이 턱의 주장이다.[33] 살상권이란 타인들——특히 교전 중 적국의 시민들, 그리고 **존재 자체로 문명의 질서를 위협**한다고 하는 미개인들——에게 폭력을 행사할 권리를 말한다. 안전을 위해 살상이 필요한 상황이 있다는 독트린이다. 미국의 이라크 침공을 둘러싼 선제공격 대 예방공격 논쟁은 이 독트린의 결과물이다.[34] 어쨌든 논쟁이 무한정 늘어지는 동안, 군대는 인도법에 어긋나는 결정적 행동을 자행할 수 있다. 물론 힘 있는 나라나 기구에 소속된 군대에 해당되는 이야기다.

자유민주주의 국가의 정치적 권익은 자국 영토 안에 한정되어 있지 않다. 국내 주민의 안녕이 국외 정치·경제·문화의 변화에 좌우되는 때일수록 더욱 그러하다. 국외에서의 무력충돌은 합법적 이유가 있느냐 여부와는 상관없이 자국을 (그리고 자국의 생활형태를) 방어할 권리의 한 부분이 되어왔다. 산업자본주의가 19세기 이후로 사회생활의 여러 형태를 점차 파괴하고 있다, 산업자본주의의 시장이 세계 곳곳을 난장판으로 만들고 있다, 산업자본주의의 공장 및 교통 공해가 자연환경과 세계 기후에 재앙을 초래하면서 전 인류를 위협하고 있다,라는 이야기는 이미 귀가 아프도록 들어왔다. 하지만 산업자본주의는 서방이 자유를 구축하고 수호하고 나머지 세계와 공유하는 과정에서 배경으로 작용해온 극히 불안정한 조건이기도 하다. 산업자본주의의 폭력적 자유가 과거의 죽음을 벌충할 수 있는 현세적 불멸의 공간으로서의 정치생활을 구성해왔고, 그러면서 그 대가로 미래에 치명적 위협이 되고 있다,라는 이야기를 시작해볼 수도 있다. 그도 그럴 것이, 근대 주권국가는 자국을 방어할 절대적 권리가 있다. 그 자국 방어라는 것을 위해서라면 핵무기를 사용하는 것조차 (국제사법재판소에 따르면) 합법이다.[35] 전 세계에 막대한 피해를 초래할 자멸적 전쟁이 자유주의 세계에서 합법적 가능성으로 존재한다는 뜻이다.[36]

하지만 앞에서 보았듯 근대국가의 폭력은 자유주의 정치의 바탕이기도 하다. 나는 그리 드라마틱하지 않은 이 측면에도 주목하고 싶다. 민주주의 국가가 자국 영토 내의 주민들을 국민으로 동원하고 그들에게 보살핌을 베푼다는 개념이 자유주의가 말하는 양질의 삶 개념의 핵심이 되어왔다는 사실, 그리고 그 양질의 삶을 위해서라면 살상과 죽음마저 불사하는, 그러면서 자신의 건강과 수명을 비롯한 육체의 안녕을 민주주의 국가의 보살핌에 맡기는 시민-군인은 그 양질의 삶이 영위되고 있다는 증거라는 사실, 다들 알고 있는 이런 사실들을 종합해본다면, 근대적 자유에 내재하는 폭력이 어떤 면에서 특이한가를 가늠해볼 수 있다. 살상 기술력이 발전한 것도 부분적으로는 이와 관련되어 있다. 근대전쟁이 무수한 발명의 모태가 되었다는 것, 예컨대 파괴 기술력과 함께 인명소생 기술력이 발전하는 모태가 되었다는 것은 잘 알려진 사실이다. 수술·정신의학·심리학과 간호행정·병원행정의 중대 발전들이 근대전쟁의 수요 및 결과와 결부돼 있다는 것도 잘 알려진 사실이다.

군사사 연구자 존 키건(John Keegan)의 글을 길게 인용하겠다.

무기가 인체에 친절했던 적은 물론 없다. 그렇지만 고통과 손상의 최대화를 무기 제작 지침으로 삼는 일은 과거에는 그렇게 흔하지 않았다. 총포가 발명되기 전에는 근력의 한계가 곧 무기의 한계였다. 폭약이 발명된 이후에도, 인간이 같은 인간을 해칠 때 그 힘에 기계적·화학적 힘까지 추가하는 것은 불공평하다는 생각에서 나온 윤리적 억제가 잔혹무기 제작에서 제약으로 작용했다. 그러한 억제의 일부——독가스와 폭발형 탄환을 사용하지 말자——가 1899년 헤이그협약에 따라 국제법으로 효력을 얻게 되었다. 그러나 이런 유의 제약들은 대인용 (man-killing)이 아닌 '대물용'(thing-killing) 무기(물건을 파괴하면서 부수적으로 사람에게도 엄청난 규모의 고통과 손상을 초래하는 무기, 예를 들면 중포)가 출현함에 따라 무의미해졌다. 제약은 어디론가 사라졌고, 수많은 살상용 무기는 **최대한 무섭고 끔찍한** 상해를 가하는 것을 목적으로 삼게 됐다. 예컨대, 클레이모어 지뢰의 발사체가 육면체의 철제산탄이고 (⋯) 집속탄의 발사체가 톱니 형태의 철제파편인 것은 원형 발사체에 비해 심각한 상해를 가할 수 있다는 이유에서다. 대전차포가 성형작약탄이나 점착고폭탄을 사용하는 목적은 기갑전투차량 내부로 금속파편이나 용융금속을 산포하는 것, 다시 말해 인명을 살상함으로써 차량을 무력화시키는 것이다. 네이팜탄은 강인한 정신의 군인들 사이에서도 윤리적인 이유에서 혐오의 대상이 되는 경우가 많은데, 휘발유 불꽃의 점성을 높이는 성분을 포함하고 있어 불이 붙은 휘발유가 사람의 피부에 쉽게 밀착되게 한다.[37] **한세기에 걸쳐 점점 그 정도가 심해지는 부상에 맞서서 환자들을 살려내고 의술을 개발해온 군의관들은 이제 바로 그 의술을 무력화시킬 목적으로 만들어진 상해물질의 도전에 직면해 있다.[38]**

키건이 지적하는 것은 양방향의 발전이다. 한쪽에서는 의술이 발전하고 있고 다른 한쪽에서는 부상을 입히고 불구로 만드는 한층 더 교묘한 방법이 고안되고 있다. 생과 사가 끝없는 상호 도발 게임 속에 갇혀 있는 형국, 기술에서 앞서 있고 살기도 잘사는 자유주의 국가들이 그 게임의 무한 베리에이션을 플레이하고 있는 형국이다.

　마지막으로, 자유주의적 정치공동체의 건설에 폭력이 필요하다는 에우벤의 말을 다시 한번 짚고 넘어가자. 자유주의적 정치공동체의 폭력은 단순히 과거에 있었던 건국의 흔적에 그치지 않는다. 자국 방어에 무력을 사용할 절대적 권리가 산업자본주의라는 맥락 안에 들어오면 세계를 상대로 폭력을 휘두를 자유로 변한다. 사회적 격차가 후진성으로 간주되고 후진성이 문명사회에 대한 위협요소로 간주되는 경우, 자국 방어는 문명화된 교전규칙을 허용할 수 없는 세계 재편 기획을 필요로 하게 된다. 정치이론가 마거릿 캐노번(Margaret Canovan)은 바로 그 필요를 역설하면서 인상적인 비유를 사용했다. "자유주의라는 것은 여기저기 널려 있는 장애물을 제거하고 인간의 타고난 본성이 펼쳐지는 장을 마련하는 일과 다르다. 자유주의는 끝없이 잠식해 오는 밀림의 틈바구니에서 정원을 가꾸는 일과 같다. (⋯) 자유주의를 비판하는 논자들의 비관적 사회·정치 분석에 옳은 비판들이 포함돼 있다는 사실은 자유주의의 원칙들을 실현하는 일을 더 시급하게 한다. 세계는 어두운 곳이다. 어둠을 밝히고 세계를 구원할 신화의 빛이 필요하다."[39] 폭력이 자유주의 정치 독트린의 핵심이라는 사실은 자국 방어가 모종의 세계 구원 기획을 필요로 하리라는 것을 분명하게 보여준다. 세계 구원 기획이 필요하다고 말하는 것은 (캐노번의 말을 좀더 노골적인 표현으로 바꾼다면) 인류를 구원하기 위해서는 일부 인간에게 폭력을 행사할 수밖에 없다고 말하는 것이나 마찬가지다.

문제는 또 있다. 자유민주주의 국가가 자국 방어에 핵무기를 사용할 권리가 있다는 것은 자멸적 전쟁이 합법적일 수 있다는 뜻이다(국제사회도 이 권리를 용인하는 분위기다). 그렇다면 자살테러자는 자유로운 정치공동체를 방어하기 위해 무기를 들고 투쟁에 나선다는 근대 서방 전통을 이어나가고 있지는 않나 생각해보게 된다. 그런 전통에서는 위험한 적에 맞서 나라를 구하기 위해서라면 (혹은 나라를 세우기 위해서라면) 평상시의 도덕적 속박을 무시한 행동이 필요할 수 있다. 왈저가 말하듯, "윤리의식이 투철한 지도자란 무고한 사람을 죽이는 것이 나쁜 이유를 이해하면서 그 일을 계속 거부하다가 마침내 하늘이 무너지기 직전까지 가는 사람이다. 그때서야 그는 (알베르 까뮈의 '정당한 암살자'와 마찬가지로) 옳고 그름을 아는 범죄자, 자기가 해야 하는 일이 해서는 안 되는 일이라는 것을 알면서도 해내고야 마는 범죄자가 된다."[40] 그렇다면, 자살을 통해 무고한 사람을 살상한다는 것은 윤리의식이 투철한 지도자의 최후의 제스처일 수도 있지 않겠는가?

—

그러면 자살테러는 어떤 점에서 특이한가? 자살테러에 뭔가 특별한 것이 있다 하더라도(나는 있다고 생각한다), 그것을 자살테러의 동기에서 찾을 수는 없다. 행위의 기본적 윤곽을 형성하는 것이 의도이니만큼 행위라는 결과로부터 의도라는 원인을 연역하는 것은 타당할 수 있겠지만(자살테러자는 자살함으로써 다른 사람들을 죽이겠다는 의도를 갖고 있다, 자살테러가 특별한 종류의 행위가 되는 것은 그 의도 때문이다), 우리가 "그는 왜 그런 짓을 저질렀는가?"라는 말로 이유를 설명해달라고 요구할 때 알고 싶은 것은 동기이니만큼 동기와 원인은 구별되어야 한다. 모든 행위에 무슨 동기가 있는 것은 아니다. 바꿔 말해서, 우리가 동기를 설명해달라고 요구하는 때는 행위의 의미에 의혹을 느낄 때뿐이다. "그는 스스로 목숨을 끊음으로써 (자기가 적으로 간주하는) 다른 사람들을 죽이고 싶었기 때문에 그런 짓을 저질렀다"라는 설명으로 만족하지 못하는 우리는 "왜?"라고 묻는다(그러면서 이상한 행동인 것 같다고 생각한다). 하지만 동기가 분명한 경우는 거의 없다. 모든 동기에는 감정들이 부착되어 있고, 모든 동기 설명에는 반론이 제기될 수 있다. 동기는 심지어 행위자 자신에게도 불분명할 수 있다. 하지만 더 중요한 문제는 따로 있다. 행위의 동기를 설명하겠다고 하는 논의들은 개별화를 전제하는 관습적인 유형론에 의존하고 있다. 예컨대 (이런저런 심리학 이론을 이용해) 유죄와 무죄를 결정하는 사법체계가 그렇고, 죄의 기원과 귀결을 추적하는 각종 구원신학이 그렇고, 자기의 무의식을 알면 자기의 곤혹스러운 불행을 이해할 수 있다고 주장하는 세속적 무의식 이론이 그렇다. 내가 볼 때 자살테러에서 특이한 점은 그 동기가 아니다. 자살테러에서 특이한 점은, 내가 생각하기에는 그 본질이 아니라 그 부대정황이다.

3장

자살테러에 경악한다는 것

지금까지 나는 자살테러의 의미와 자살테러자의 동기, 이를테면 왜 자살로 무고한 시민들을 살해하는가, 왜 삶 대신 죽음을 선택하는가에 집착하는 논의들을 다뤘다. 이제 마지막 장에서는 질문을 이렇게 바꿔보고 싶다. 서방 사람들은 왜 하필 자살테러의 언어적·시각적 재현물 앞에서 경악스럽다고 말하는가? 독재정권이나 민주국가나, 범죄자나 교도소나, 인종차별적 이민 정책이나 인종청소나, 고문이나 제국주의 전쟁이나, 어마어마한 잔혹 행위는 은밀하게 또는 공공연히 자행되고 있다. 오늘날 이것은 극히 자명한 사실이다. 그런데 자유주의적 도덕론자들은 왜 하필 자살테러 앞에서 그토록 경악하는가? 왜 유독 이 주제가 그 많은 글과 책과 TV 다큐멘터리와 영화를 만들어내는가?[1] 왜 사람들은 (나를 포함해) 자살테러에 그토록 현혹되면서 또 그토록 번민하는가? 이제부터 나는 죽인다는 것과 죽는다는 것에 대한 근대적 개념들 가운데 유대교-기독교 전통에서 비롯한 것들을 검토함으로써, 위의 문제들에 대한 잠정적 해답을 내놓고자 한다.

영국의 심리분석가 재클린 로즈(Jacqueline Rose)가 팔레스타인 자살테러자를 다룬 책 두권을 평하며 지적한 것처럼, 자살테러의 민간인 인명피해는 재래전에 비해 훨씬 적음에도 사람들은 자살테러 앞에서 유난히 경악의 반응을 보인다. 로즈에 따르면, "경악은 가해자가 함께 죽는다는 사실과 관련이 있을 것 같다. 공중폭격은 자살테러만큼 불쾌감을 불러일으키지는 않는다. 적어도 서방 지도자들의 머릿속에서는 공중폭격이 자살테러보다 윤리적으로 우월하다. 희생자와 함께 죽는 것이 왜 목숨을 건지는 것보다 큰 죄악으로 간주돼야 하는지는 확실하지 않다. 어쨌든 자살테러에 대한 거부감은 최후의 순간 자살테러자와 희생자 사이에 극한의 친밀성이 생긴다는 데서 찾아야 할지도 모르겠다. 자살테러는 격렬한 동일시의 행위, 곧 적을 끌어안고 적과 함께 죽음으로 뛰어드는 행위다."[2]

로즈가 2차대전 당시 자행된 민간인 대량학살—일본과 독일 몇몇 도시 융단폭격—에 대한 반응과 자살테러자에 대한 서방의 반응을 비교하는 것은 적절하다. (생존자들의 고통을 비교한다는 것은 불가능한 일 아니겠는가?) 로즈는 경악에 대해 중요한 질문을 던지고 있지만, 시원한 대답을 하지는 않는다. 로즈는 "경악은 가해자가 함께 죽는다는 사실과 관련이 있을 것 같다"라는 예리한 통찰로 포문을 여는데, 자살테러라는 이미지에 맞닥뜨린 사람들이 보여주는 경악의 반응을 다루는 이 첫번째 논점은 가해자의 도덕적 위상을 둘러싼 곤혹스러움을 다루는 두번째 논점으로 (너무 빨리) 넘어간다("희생자와 함께 죽는 것이 왜 목숨을 건지는 것보다 큰 죄악으로 간주돼야 하는지는 확실하지 않다"). 그리고 그 두번째 논점은 독자의 관심을 자살테러자가 왜 스스로 목숨을 끊는가, 그 동기가 무엇인가라는 질문으로 되돌려놓는다. 로즈는 정교한 논의를 펼치고 있기는 하나, 독자로 하여금 관찰자의 경악감이라는 문제를 놓치게 한다.

자, 그렇다면 왜 경악하는가? 죽음과 신체절단이 일상의 한복판에서 갑자기 발생하니까? 공중폭격은 그나마 사이렌, 탐조등, 항공기 소음, 인근 폭발 등의 경고 신호라도 있다. 제때에 대피할 가능성은 희박할 수 있지만 말이다. (히로시마와 나가사끼 원자폭탄 투하 때는 아무 경고 신호도 없었다. 민간인들이 대피할 기회가 전혀 없었다는 뜻이다.) 반면에, 자살테러자는 아무 경고 없이 피해자의 일상을 산산조각 낸다(어쨌든 그런 시각이 많다). 경악의 이유를 바로 여기서 찾는 사람들이 종종 있다. 아주 틀린 얘기는 아니다. 하지만 경악의 이유를 갑작스럽다는 데서 찾는다면 제3세계에서 지뢰 사상자(아동 포함)가 계속 발생하는 것이 별다른 반응을 불러일으키지 않는 이유를 설명할 수 없다. 서방 대중매체가 유럽인 피살 사건을 비유럽인 피살 사건보다 충격적으로 다루는 것도 사실이고, 유럽인이 비유럽 전투원의 손에 죽는 사건에 초점이 맞추어지는 데에 역사적 이유들이 있는 것도 사실이다. 예를 들어, 스리랑카에서 타밀족 자살테러자가 저지르는 사건을 보도할 때, 심지어 이라크 피점령지에서 이라크인 자살테러자가 같은 이라크인들을 상대로 저지르는 많은 사건을 보도할 때, 서방 대중매체는 그렇게 경악을 표하지 않는다(바꿔 말해서, 서방의 대중은 그렇게 경악을 느끼지 않는다). 다 일리 있는 말이겠지만, 이런 말만 가지고는 사람이 왜 **경악**하는지, 사람이 정말 경악하는 것은 언제인지, 그리고 대체 그 경악이라는 것이 무엇인지 알 수 없다.

물론 자살테러에는 특이한 점이 있다. 자살테러자가 이른바 변장을 하고 나타난다는 것도 그중 하나다. 자살테러자는 평범한 용무로 오가는 대중의 한 사람인 듯이 나타난다. 엄청난 위험을 안고 있음에도 그 정체는 사건이 벌어진 뒤에야 드러난다. 겉으로 보이는 기호들은 전혀 위험해 보이지 않는다. 특이한 점은 또 있다. 로즈가 짧게 지적하고 넘어간 것처럼, "경악은 가해자가 함께 죽는다는 사실과 관련이 있을 것 같다." 그 사실이 왜 그렇게 중요한가? 인간의 죽음을 목격할 때, 공간적으로 또는 사회적으로 가까운 사람에게 갑자기 죽음이 닥칠 때, 번민·공포·분노 등 격렬한 감정이 일어날 수 있다. 자살은 어떤 점에서 특별한가?

아브라함 계통의 종교에서 자살과 죄악이 밀접한 관계에 있는 것은 개인이 이승의 자기동일성을 파괴할 권리를 갖고 있지 않기 때문이다. 미물에 불과한 개인은 자기 삶을 지배할 주권을 갖고 있지 않다. 자살이 죄악이 되는 것은 그것이 특별한 자유행동이자, 종교 당국이나 국민국가가 허용하지 않는 권리이기 때문이다. 오늘날의 법은 사형수가 처형을 회피할 목적으로 자살하는 것을 금지하고 있다. 사형수가 당해야 하는 것은 죽음이 아니라 공인된 죽음이기 때문이다. 감옥의 죄수들, 전쟁터의 군인들, 말기 환자들에게도 자살은 금지되어 있다. 본인이 자살할 이유가 충분하다고 생각하더라도 마찬가지다. 생사여탈의 권력을 합법적으로 행사할 수 있는 것은 창조와 파괴를 관장하는 신뿐이다. 이승에서 신을 대행하는 것은 국가다. 개인에게는 목숨을 끊을 권리가 없다. 신으로부터 (그리고 신을 대행하는 국가로부터) 부여받은, 벌을 받음으로써 죄를 씻을 권리가 있을 뿐이다.[3]

반면, 고대에는 자살이 죄악도 아니고 범죄도 아니었다. 다만 합법적 자살이 허용되는 것은 대개 엘리트계급이었고, 그들에게 자살의 자유는 사적으로 주어지는 권리였다. 정치 당국은 엘리트계급의 일원에게 사형 선고를 내리면서 자살을 사형의 합법적인 대안으로 제시할 수 있었다(소크라테스가 가장 유명한 예일 것이다). 니체에 따르면, 소크라테스의 자살은 '십자가형'의 예표였고, 두 사건 다 "저항하지 않는 죽음"이라는 이유에서 경멸스러운 죽음이었다. (물론 두 사건은 중요한 차이가 있다. 소크라테스의 죽음은 몇몇 친구들 앞에서의 사적 자살이었던 반면에,[4] '십자가형'은 형벌과 구원의 공개적 선언이었다. 이 차이에 대해서는 뒤에서 또 다루겠다.) 어쨌든 니체 등의 논자들이 이런 자살에서 비판하는 것은 주체가 자살을 선택했다는 사실이 아니라 자살이 행해지는 방식, 그리고 자살이 뜻하는 의미다. 그러면서 그런 논자들이 내세우는 것은 외부의 권력과 **투쟁**하는 것이 고결함의 표시라는 세속 인본주의의 원칙이다. 폭력적 죽음 자체는 전혀 경악스러울 것이 없다, 경악스러운 것은 그런 죽음을 선택한 동기뿐이다,라는 것이 그런 논자들의 주장인 듯하다.[5]

하지만 우선 물어보자. 경악이란 **무엇**인가? 경악이란 동기가 아니라 상태다. 공포나 분노나 자연스럽게 우러나오는 복수심 따위와 달리, 경악에는 대상이 없다. 경악이 동사라면 목적어가 없는 자동사다. 이와 관련해 스탠리 카벨(Stanley Cavell)의 논의가 유용할 것 같다. 카벨에 따르면, "내가 경악이라는 용어로 지칭하고자 하는 것은 인간의 자기동일성이 불안정하다는 자각이다. 인간의 자기동일성은 없어질 수도 있고 빼앗길 수도 있다. 우리는 우리가 우리라고 생각하는 것과 다른 것일 수도 있다. 이미 다를 수도 있고, 앞으로 달라질 수도 있다. 인간임을 자처하는 것은 책임이 필요한 일인 동시에 책임질 수 없는 일이다. 그 자각이 바로 경악이다."[6] 경악과 두려움은 전혀 다르다. 경악이 이른바 '공포'(terror)의 극단적 형태냐 하면 그렇지 않다는 것이다. 공포에는 담력이 대안이 될 수 있겠지만, 경악에는 그렇게 대안이 될 만한 게 없다. 카벨의 논의를 발전시키자면, 경악은 **나 자신**의 자기동일성이 불안정하다는 자각이면서 동시에 타인들의 자기동일성이 불완전하다는 자각이기도 하고, 개별 인간들의 자기동일성이 불안정하다는 자각이면서 동시에 인간의 생활형태의 자기동일성이 불안정하다는 자각이기도 하다. 경악(horror)에는 호러—불현듯 드러나는 악, 재난의 공포 등을 다루는 영화나 소설의 한 장르—라는 의미도 있지만, 여기서 말하는 경악은 그런 장르물과는 완전히 다르다. 경악은 상태의 **느낌**이다. 유연한 페르소나가 자기 자신에게 자기동일성을 입증하는 공간을 상상계라고 할 때, 그 상상계를 파괴하는 것이 바로 경악이다.

경악 개념을 구체화하는 한 방법으로, 자살테러 목격담을 살펴보자. 이런 글에 흔히 등장하는 것이 물체와 인체가 갑자기 부서지고 뒤섞이는 장면이다. 예루살렘 자살테러 목격담을 길게 인용해보겠다.

그때 나는 피자가게 카운터 좌석에 앉아 주문한 음식이 나오기를 기다리고 있었다. 출입문을 등진 자리였다. 배낭을 한쪽 어깨에 둘러맨 남자가 가게에 들어오려고 했다. 폭탄이 든 배낭이었다. 경비원 하나가 그 남자를 수상하게 여겨 쫓아냈다. 그 남자는 바로 20피트 옆 커피숍 출입구로 돌진했다. 폭탄이 터졌다. 경비원 두명이 "다들 피해!"라고 소리 지르면서 그 남자에게 달려든 순간이었다. 나는 한쪽에서 번쩍하는 불꽃을 보았고, 곧이어 쾅 하는 폭발음을 들었다. 자살테러자의 짓이라는 것을 직감할 수 있었다. 출입문을 향해 달리면서 나는 생각했다. "제길, 놈들이 결국 예루살렘을 공격했구나." 폭발음 직후의 기괴한 정적을 처음 깨뜨린 것은 한 여자였다. 나직하게 흐느끼는 소리가 점점 커지더니 끔찍한 비명이 되었다. 밖으로 대여섯발 달려나갔을까, 한 여자가 쇼크 상태에서 한쪽 팔을 앞으로 내뻗은 자세로 스쳐지나갔다. 자기의 피투성이 손을 마치 낯선 물체인 양 내

려다보면서. 처음 내 눈에 들어온 것은 자살테러자의 피
투성이 머리통이었다. 몸통에서 잘려 나온 머리통은 마
치 핼러윈의 겁주기 가면처럼 길 한복판에 덩그러니 놓
여 있었다. 그날 발생한 첫 폭파 사건 현장에서 길 클라
이먼(Gil Kleiman) 이스라엘 경찰 대변인에게 들은 끔
찍한 말이 사실임을 확인시켜주는 장면이었다. 작업자
가 20피트 높이의 사다리에 올라가서 폭파로 날아간 폭
파범의 머리통을 회수하는 동안 클라이먼이 나에게 들
려준 말은 "사람의 몸에서 가장 약한 곳은 목입니다"였
다. 사방에서 다이너마이트 냄새와 머리카락 타는 냄새
가 진동했다. 커피숍 안을 둘러보았다. 벽은 검게 그을
려 있었고, 부서진 집기들이 바닥에서 나뒹굴었다. 움직
이는 것은 아무것도 없었다. 카운터 뒤쪽에 형광등 조명
이 켜져 있을 뿐이었다. "그만 두리번거리고, 뭐든 도움
이 될 일을 하자"라는 혼잣말과 함께 아스팔트를 돌아
보았다. 바로 2피트 앞에 한 여자가 유령처럼 창백한 얼
굴로 쓰러져 있었다. 그 여자의 이름이 나바 애플바움
(Nava Applebaum)이라는 것을 알게 된 것은 나중에 신
문에 실린 사진을 통해서였다. 그 여자의 아버지는 한
병원의 응급실 감독의 겸 자살테러 사건 희생자 전문의
였다. 아버지와 딸이 그곳에 있었던 것은 결혼식 전야
의 일정을 상의하기 위해서였다. 클리블랜드에서 태어

난 이 의사(50세)가 딸의 결혼 선물로 마련한 것은 자기를 포함한 가족들의 축하인사, 성경구절, 결혼생활 지침 등을 담은 책자였다. 이리저리 꺾여 있는 몸들. 애플바움(20세)이 옆구리가 꺾인 채로 숨을 몰아쉴 때, 아버지의 몸은 8피트 앞에서 등판과 머리가 불타고 있었다. 내가 발견했을 당시의 나바는, 폭발의 충격 때문인지 추락의 충격 때문인지, 왼쪽 어깨와 팔꿈치가 부자연스러운 각도로 꺾여 있었다. 장기가 손상된 정도는 확실치 않았다. 머리털은 폭발의 불길에 허옇게 그을려 있었다. 목덜미에는 파편에 맞은 동전만 한 상처가 두군데 있었다. 나는 얼른 옆에 쭈그리고 앉아 상처를 눌렀다. (…) 구급차가 도착했고, 이스라엘 경찰과 구조대의 수습이 시작되었다. 나는 큰 소리로 도움을 청했다. 구조대원 한 사람이 달려왔고, 잠시 후 또 한 사람이 달려왔다. 한 사람이 맥박을 짚어보더니 어깨를 늘어뜨렸다. 사망자는 나바 외에 여섯명이었다. 구조대는 나바의 몸을 바퀴 달린 들것에 싣고 떠났다.[7]

이 인용문에는 분노·절망·연민의 감정이 반영되어 있다. 하지만 독자는 여기서 피해자들과 생존자들의 고통에 대한 연민이나 사람의 목숨을 해치는 짓에 대한 분노 같은 감정과는 사뭇 다른 어떤 것을 일별할 수 있다. 부상자의 피투성이 손은 낯선 물체 같고, 길에 떨어져 있는 폭파범의 머리통은 겁주기용 가면 같고, 아버지의 등판과 머리는 석탄처럼 타고 있고, 딸의 팔은 부자연스럽게 꺾여 있다. 단순히 사람이 죽고 다치는 장면이 아니라 육체의 형태가 망가지는 장면이다. 잘 아는 사람의 익숙한 얼굴이 산산조각 나는 것 같다고나 할까. 사건은 이런 장면들을 통해 매우 극적으로 묘사되어 있고, 사건 당시에는 알 수 없었을 정보에 기초한 안타까운 디테일(몇몇 희생자의 이름과 개인사)이 장면 사이사이에 엮여 들어가 있다. 내가 하고 싶은 말은 이 글이 허위적이라는 것이 아니라, 이 글이 모종의 의도를 갖는 서사 구성물이라는 것이다. 이 글의 의도는 독자에게 자살테러의 경악을 **느끼게** 하는 것, 일상에 갑자기 가해진 공격 앞에서의 무력감을 느끼게 하는 것, 그리고 무엇보다도 인간의 자기동일성을 가능하게 하는 그 일상성의 상실을 느끼게 하는 것이다. 이런 글에서는 두가지가 중요하다. 하나는 글쓴이가 경악을 온몸으로 느꼈어야 한다는 것이고(끔찍한 사건을 목격했다면 경악을 느끼는 일이 어렵지 않았을 것이다), 다른 하나는 경악을 자살테러자의 구체적인 소행으로 재구성해야 한다는 것이다.

사실, 경악이 더 자주 등장하는 곳은 전쟁담, 그중에서도 경악을 경험한 사람들이 회고하는 전쟁담이다. 외상 후 스트레스 장애에 시달리는 베트남 참전군인들의 치

료를 담당했던 정신과의사 시어도어 내들슨(Theodore Nadelson)은 그들이 전쟁에서 경험한 공포와 황홀을 다루는 책을 썼다. 이 책에서 내들슨은 살상의 미학과 살상의 포르노그래피를 짧게 (너무 짧게) 다루기도 하고,[8] 전쟁터의 많은 군인들이 다른 인간들(비전투원이라도 상관없다)을 살상하면서 얻게 되는 살아 있다는 느낌을 다루기도 하고, 그들이 죽음(자기의 죽음도 포함된다)에서 에로스를 느낀다는 점을 다루기도 하고, 해병대원들이 '아이퍼킹'(eye-fucking)이라고 부르는 살상 중독을 다루기도 한다.[9] 내들슨은 환자들이 들려주는 전쟁담을 다수 인용하는데, 그중 하나를 길게 옮겨보겠다.

나한테 사진이 있거든. 내가 머리통을 한 손에 하나씩 들고 있는 사진인데, 이렇게 머리털 있는 데를 쥐는 거야. 거짓말 같지? 근데 그때 다른 친구들은 머리통을 작대기에 꽂아서 들고 돌아다녔거든. 왜 야만인들이 그러잖아. 옛날에 말이야. (⋯) 근데 그게 비정상이 아니었다는 게, 그게 비정상이잖아. 그게 정상이었거든, 거짓말 아니라, 무슨 나쁜 짓을 한 게 아니었다 그 말이야. 그때 누가 내 사진을 찍어줬거든. 그래서 기억나는 거야, 사진이 있어서. 그러니까 내가 그걸 못 버리는 게, 사진 없었으면 그런 걸 어떻게 믿겠어, 나라도 못 믿지, 전쟁 끝났는데. (…) 베트남에 있을 때는 계속 뭘 하잖아. 매복 같은 것도 하고, VC 땅굴 소탕 같은 것도 하고. (…) 그런 걸 하는 게, 왜 하느냐 하면, 그래야 끝나거든. 그래야 식량도 얻고 식수도 얻고 그런 거겠지만, 왜 하느냐 그런 생각 하기는 싫거든. 집에 가겠다, '진짜 세상'으로 돌아가겠다, 그런 생각은. (…) 어쨌든 당장은 지옥에 와 있는 거니까, 계속 하는 거지. 집 생각은 못 해, 무서우니까. 집에 가야 되는데, 그런 식으로 나가다 보면, 죽으면 안 되는데, 그런 식으로 걱정이 들고, 그러면 죽는 거거든. 그러니까 그냥 될 대로 돼라, 그런 식으로 나가는 거야. 내가 베트콩을 죽였을 때 (…) 제길! 거기서는 안 할 수가 없었거든. 끝내야 되니까 안 할 수 없었지. 내가 베트콩은 신경 안 쓰는 게, 내가 안 죽였으면 내가 죽었을 거잖아. 근데 여자들이랑 어린애들은 그게 아니잖아? 어느 마을이었는데, 무장헬기가 들어가서 깨끗하게 쓸어버렸는데, 내가 들어가서 뭘 했느냐 하면, 일단 놈들(어린아이들)을 찾아내서 붙잡았어. 다음에는 같이 쏴버렸어. 그때 내가 놈들을 안 죽였으면 놈들이 나중에 커서 나를 죽이러 왔을 거다, 뭐 그런 얘기도 있기는 했는데, 내가 아까 그랬잖아, 거기서는 미친 게 정상이었다고. 이게 정상이겠거니 해야지 안 그러면 못 살았어. 누가 미친 짓을 하고, 끝이 나고, 다음에는 내가 하고. 젠장,

놈들〔베트콩들〕도 똑같이 했을걸. 내가 당하기 싫으면, 백배 천배 더 독하게 나가는 수밖에 없다니까. (…) 어느 마을이었는데, 그 친구들이 그 여자들을 어디서 찾아서 겁탈을 막 하기 시작하는 거야. 그러더라니까. 그렇게 그 짓을 하면서, 맙소사, 케이바를 꺼내 드는 거야! 그렇게 막 찌르는데, 미친 거야. 제정신이 아닌 거지. 그렇게 그 짓을 하면서 (미친 거야) 여자들은 벌써 죽었는데 계속 하는 거야. 내가 무슨 말 하는지 알겠어? 의사 선생이면 알아들을지도 모르지만. (…) 그런 데를 가본 적이 없는 사람이 들으면, 내가 무슨 말을 하는 건지 무슨 수로 알겠냐 말이야. 지독한 짓이었거든. 내가 한 짓이기는 해도. 우리가 한 짓이기는 해도. 내가 아는 친구 중에 거기서 안 그런 사람이 없었어. 다들 참 착했는데. 착하고, 서로 정말 위해주고. 진짜, 다들 너무 좋은 사람들이었어. (…) 내가 얼마나 인간 말종인지 말해볼까. 나 거기 있는 동안 너무 살아 있는 것 같았어. 너무 신났거든. 아드레날린 하이가 왔을 때 신나는 것처럼, 좋은 친구들이랑 같이 있을 때 신나는 것처럼, 끈끈한 우정을 느낄 때 신나는 것처럼 그랬어. 그렇게 가짜 같으면서 또 그렇게 진짜 같았던 건 내 평생에 그때뿐이었어. 상상도 (씨팔) 못하게 그랬어. 지금 나한테 제일 힘든 게 뭔지 말해볼까. 전쟁이 끝났다는 거야. 앞으로 살면서 그 기분을 또

느낄 가능성이 없다는 거. 그런 짓을 해서 그 기분이 됐던 건 싫지만, 그 기분 자체는 너무 좋았거든.[10]

국가에 의해 주도면밀하게 훈련받은 살인병기들이던 내들슨의 환자들은 정신장애를 겪는 퇴역군인의 흔한 사례였다(그들이 들려주는 경험이 그랬고 그 경험 탓에 괴로운 혼란을 느끼고 있다는 것도 그랬다).[11] 그들은 자기가 전쟁 당시 남들에게 (그리고 자기 자신에게) 무슨 짓을 했는지를 이야기하면서 연민과 잔혹이 뒤얽힌 감정들을 절합, 해명해보고자 하지만(그 시도는 수시로 난관에 봉착한다), 결국 인간으로서의 자신을 일관성 있게 그려내는 데 실패한다. 화자는 가해자인 동시에 피해자다. 자신의 경험을 설명할 수 없다는 것, 자신의 경험을 말로 표현할 수 없다는 것이 화자가 느끼는 경악의 본질이다. 한편 데이브 그로스먼(Dave Grossman)은 "군인의 오감을 공격하는 경악의 바다"를 말하면서 어느 2차대전 참전군인의 회고록을 인용한다. "15피트 정도 되는 긴 창자들, 허리에서 두 동강 난 몸뚱이들이 발밑에 거치적거렸다. 다리, 팔, 머리통은 가장 가까운 몸통으로부터 50피트 이상 떨어져 있었다. 밤이 오면 교두보에서 살점 타는 냄새가 풍겨 왔다."[12] 하지만 이 서사에는 특정 가해자가 없다. 전쟁의 경악스러운 경험을 전하고자 할 뿐이다. 경악 자체는 범인을 필요

로 하지 않는다. 단, 법으로 범인을 밝힐 수 있다는 국민국
가의 언설 속에 경악을 끼워 넣는 것은 가능하다. (범인을
밝히는 것이 바로 법이 할 일이다.)

—

경악 개념을 직접 논의 대상으로 삼기 시작한 것은 18세
기 유럽의 미학적·종교적 저술들이었다.『우리의 숭고 개
념 및 미 개념의 기원에 대한 철학적 일고찰』(1757)에서 에
드먼드 버크(Edmund Burke)는 고통과 쾌감(pleasure)은
함께 나타날 수 없고(한쪽이 나타난다는 것은 다른 한쪽이
없어진다는 뜻이다), 언제나 고통의 느낌이 쾌감의 느낌
보다 강하다고 주장했다. 하지만 그러면서 쾌감과 이른바
'환희'(delight)를 혼동해서는 안 된다고 주장했다. 환희는
쾌감과 달리 고통이나 위험과 함께 나타날 수 있다, 우리
가 재난에 경악하면서 동시에 홀린 듯 이끌리는 것은 바로
그 때문이다,라는 주장이었다. 이렇듯 환희와 고통을 함께
불러일으키는 힘을 버크는 '숭고'(Sublime)라 부른다. 이
힘을 명확하게 정의(한정)하는 것은 불가능하다. 무한한
허공, 어둠, 침묵(영원한 형태 없음의 가시적 표현들)은 인
간적 차원을 초월하는 것들이었고, 그런 이유에서 미지에
대한 두려움의 원천이었을 뿐 아니라 경악으로 경험되는

경외의 원천이었다. 버크의 글에는 '십자가형'에 대한 언급이 없지만, 십자가의 죽음으로 대표되는 참혹한 죽음은 경악의 대상인 동시에 사랑의 대상이며, 그런 의미에서 숭고한 그 무엇이다(버크에 따르면 인간은 쾌감을 주는 것을 사랑한다—옮긴이). 프로이트에게 '숭고'는 어떤 면에서는 성인이 기억해내지 못하는 아동 심리 상태(아직 형태가 만들어지지 않은 자아에게 닥친 경악)의 잔존물이었고, 어떤 면에서는 원시적인 것의 귀환(일견 근대적·세속적 맥락에서 발생하는 유사종교적 경험)이었다.

물론 이런 형태 없음의 경악에 신학적으로 반응하는 것도 가능하다. 초기 근대 기독교인들에게 너무나도 익숙했던, 성서에 나오는 반응이다. 성서에 따르면, 형태 없는 것들에게 형태와 자기동일성을 부여하는 것이 바로 신의 권능이다("땅은 아직 모양을 갖추지 않고 아무것도 생기지 않았는데, 어둠이 깊은 물 위에 뒤덮여 있었고"). 창세기에 보면, 천지창조는 형태를 만드는 일, 그리고 형태에 이름을 붙여줌으로써 자기동일성을 부여하는 일이었다("하느님께서는 마른 땅을 '뭍'이라, 물이 모인 곳을 '바다'라 부르셨다. 하느님께서 보시니 참 좋았다"). 물론 천지창조의 정점은 사람, 곧 남자와 여자였다(남자는 모든 살아 있는 피조물에게 이름을 붙여줌으로써 자기동일성을 부여했다). 인간으로 하여금 경악을 피하도록 해주는 존재는 형태를 만들고 이름을 붙이고 자기동일성을 보존하는 신뿐이다. 창세기에서 천지창조를 서술하면서 한 단계가 끝날 때마다 "좋았다"라고 선언하는 것도 그 때문이다. 하지만 신이 한정 불가능하고 표현 불가능한 존재인 만큼, 신 자체는 여전히 경악의 원천이다. 신은 모든 형태, 모든 자기동일성을 파괴할 수 있는 유일한 힘이기 때문이다. 신 앞에서의 경악을 피하는 방법이 경외다.

성서는 자기동일성을 생성하거나 파괴하는 행위들로 가득하다. 구약에서 두가지 행위가 공존하는 가장 유명한 예가 판관기 16장에 기록되어 있다. 불레셋 사람들의 눈엣가시였던 삼손은 결국 이방인 아내 들릴라의 배반으로 바리새인들에게 붙잡혀 털이 깎이고 눈이 뽑힌다.[13] 그렇지만 감옥에서 머리털이 다시 길어진다(그러면서 힘도 다시 강해진다). 다곤의 신전이 불레셋 사람들로 가득할 때, 삼손은 무시무시한 제의적 파괴를 감행한다. 삼손이 자기 손을 붙잡고 길을 인도해준 젊은이를 비롯해 수많은 무고한 사람들을 난데없이 살상하는 이 이야기를 성서는 승리의 위업으로 윤색한다. 성서에 따르면, 이 살상 행위는 신의 도우심으로 신의 적들을 죽이고 새로운 정계를 건설하는 종교적 자살이며, 삼손은 이 최후의 행위를 통해 자기 자신의 영웅적 위상을 회복하는 동시에 자기 민족의 자유를 회복한다. 성서는 삼손의 동기에 관해 왈가왈부하는 대신, 삼손의 매장이 제의적이라는 점을 강조하면서 한 집단의 새로운 시작─요즘의 표현을 빌리면, 역사 만들기─을 암시한다.

삼손 신화는 투쟁·배반·고통의 내러티브로서 다양한 세속적·종교적 근대 기획에 가담해왔다. 오페라·시·회화·소설·영화 등 서양예술사를 장식하는 수많은 작품에 삼손 신화가 이용되기도 했다. 그 이유는 자살과 살상이라는 스펙터클한 마지막 행위가 그 자체로 예술이거나, 적어도 어떤 개념의 예술적 구현이기 때문일 것이다.[14] 유명한 17세기 극시 『투사 삼손』(*Samson Agonistes*)에서 존 밀턴(John Milton)은 장님이 된 자신과 포로가 된 삼손을 동일시하면서, 자기 편(아브라함의 신을 섬기는 신도들)이 가짜 신 다곤을 숭배하는 왕당파를 무찌르고 궁극적 승리를 거둘 것을 예언했다. 집단살상의 경악을 구원 이야기로 번역한 작품이라는 뜻이다. 하지만 알레고리적 독해만으로는 부족하다. 시인 겸 밀턴 연구자로 『투사 삼손』(옥스퍼드 출판본)을 편집한 프랭크 프린스(Frank Prince)는 이 위대한 작품 속에 "도덕적으로 엄혹한 아름다움"이 있다고 말한다. "판결의 비타협성, 신앙의 굳건함, 할 일은 하고 당할 일은 당하는 순순함은 그 자체로 감동적이기도 하고 아름답기도 하다."[15] 이런 평에 굳이 동의하지 않는다손 치더라도, 『투사 삼손』의 심미적 감수성이 한갓 병리적 특이성으로 환원될 수 없는 복합적인 것이라는 점은 분명하다.

흥미롭게도, 삼손 이야기가 팔레스타인 땅에 유대인 국가를 건설하는 **세속적** 구원의 유대 신화로 재탄생하기도 한다. 1927년에 수정주의 계열의 시온주의자 제브 자보틴스키(Ze'ev Jabotinsky)는 삼손 이야기를 단순하고 낭만적인 소설로 개작했다. 이런저런 모티프에 살을 붙이고 리얼리즘적 디테일을 추가한 소설인데, 사원이 무너질 때 심지어 불레셋 경비대(자보틴스키의 창작)마저 위엄 있는 최후를 맞는다. 그들은 자기 영토에 등장한 새로운 권력—새로운 진리—과 싸워야 하는, 그리고 끝내 자기의 패배를 숙명으로 받아들여야 하는 한 나라를 상징한다.[16] 삼손 이야기를 개작한 모든 작품에서와 마찬가지로 이 작품에서도 삼손은 자기동일성을 파괴하는 인물이 아니라 영웅적 자기동일성을 창조하는 인물로 나온다. 단, 자보틴스키가 들려주는 이 민족주의적인 이야기의 영웅성은 밀턴이 그려 보인 영웅성과는 사뭇 다르다. 밀턴이 폭력의 무대인 사회에서 비극성을 감지했던 것과 달리, 자보틴스키는 그저 이국성을 일별하는 데 그쳤다.

오늘날 이스라엘에서 유대인 어린이들은 영웅 삼손이라는 '강인한 유대인'의 원형을 경외하라고 교육받는다. 이스라엘 작가 데이비드 그로스먼(David Grossman)의 최근 저서에 따르자면, 삼손 이야기는 이스라엘의 권력 행사

방식의 문제적 속성을 절합하는 이야기다. 그로스먼은 이스라엘이라는 국가가 마치 성서에 나오는 삼손처럼 아직 자기의 엄청난 위력을 제대로 인지하지 못하고 있다고 보면서 이를 정신분석학적으로 설명한다. 삼손의 경우는 감정적으로 결핍된 아동기를 보냈으리라 추정하고, 유대인들의 경우는 길었던 핍박의 역사를 거론하는 식이다. 현대의 유대인 국가인 이스라엘은 자기가 얼마나 강한지 알지 못한 채로 너무 성급하게 무력을 행사하는 경향—그리고 자기가 하고 있는 일이 어떤 결과를 초래할지 정확하게 알지 못한 채로 너무 과도하게 무력을 행사하는 경향—이 있다는 것, 삼손 신화가 이스라엘 권력의 그 신화적·통제 불능적 속성을 설명해준다는 것, 요컨대 삼손의 비극은 이스라엘 권력을 반영하는 동시에 이스라엘 권력을 작동시키는 이야기라는 것이 그로스먼의 주장이다.[17]

살상을 위한 자살이 집단의 자기동일성을 구축하고 지지하는 사건으로 읽히는 경우에는, 무력한 경악이라는 즉각적 반응이 나타나지 않는다. 하지만 상상도 못할 경악스러운 사건이 일어날 가능성이 고의적·공개적으로 암시되는 경우도 있다. 예컨대, 이스라엘은 자국 핵무기에 '삼손 옵션'이라는 이름을 붙임으로써 이스라엘과 그 적들을 공멸시킬 가능성이 높은 근거리 핵공격을 감행할 용의가 있음을 암시하고 있다. 여기서 이렇듯 옵션으로 암시되는 경악은 국가가 **무슨** 수단을 동원해서라도 자국의 생활형태를 방어할 의무가 있다는 이스라엘 국가의 좋은 통치 내러티브에 장착돼 있다. 그렇지만 경악을 담론적으로 경험하는 것과 직접 경험하는 것은 물론 전혀 다른 문제다.

—

이제 인체 훼손이 유발하는 경악으로 넘어가자.

메리 더글러스(Mary Douglas)의 유명한 저서『순수와 위험』(*Purity and Danger*)[18]에 따르면, 원시 문화, 근대 문화를 막론하고 모든 문화에서 사물의 범주를 정하는 기준에 혼란을 초래하는 일은 꺼림하게 여겨진다. 경계의 파괴 —— 형태의 위험 —— 가 발생했으면 그것들을 원래대로 회복해야 한다. 배척·처벌·정화의 의식(儀式)은 바로 그렇게 엇나간 것들을 회복하는 방법이다. 경악을 유발하는 것은 '엇나갔다'는 사실이 아니라 엇나간 것을 처리할 의식이 없는 상황이다.

『순수와 위험』은 프란츠 슈타이너(Franz Steiner)의 유작『터부』(*Taboo*)[19]에 빚진 바가 많다.『순수와 위험』이 터부라는 주제를 다루는 여러 분과학문의 수많은 연구에 영감을 제공한 중대한 인류학 작업인 것은 사실이지만,『터부』에 비해서 권력에 대한 논의가 없는 것은 아쉬운 점이다. 슈타이너에 따르면, 터부(taboo)는 원래 폴리네시아에서 위험을 뜻하는 말로 사용되었다. 위험은 정치적 개념인 동시에 형이상학적 개념이다. '위험'이라는 단어만 보더라도, 한때는 '권력하에 있다' '통치하에 있다'라는 뜻을 가지고 있었다[danger의 어원은 라틴어 dominus로 거슬러 올라갈 수 있다―옮긴이]. 터부가 가치 있는 자기동일성, 가치 있는 믿음, 가치 있는 생활형식을 보호하는 것을 목적으로 하는 다양한 실천과 결부되어 있는 것은 그 때문이다. 다시 말해 체계적 배척, 추방, 처벌은 가치 있는 것이 위협받고 있다는 불안을 처리하는 방법이다.

슈타이너는 '터부' 개념의 계보(인류학 개념이었던 것이 어떻게 정신분석학 개념이 되었는가)를 추적함으로써 인류학적 신학에서 '성스러운 것' 개념을 전개하는 방식을 문제시한다. 또한 슈타이너는 원시인이 경외와 경악을 구분하지 못한다는 점에서 신경증 환자와 마찬가지라는 프로이트의 가정을 거부한다. 경외는 이성적으로 정당한 태도인 반면에 경악은 이성적으로 부당한 태도이며, 경외와 경악을 구분하지 못하는 혼동은 실제로 자아를 위험하게 하는 것과 그저 자아를 위험하게 한다는 상상을 불러일으키는 것을 구분하지 못하는 혼동에서 온다는 것이 프로이트의 주장이었다. (경외와 경악은 논의의 수위가 다르다. 다시 말해, 경외는 관계 내에서의 행동인 반면에 경악은 얼어 있는 것과 비슷한 모종의 상태다. 슈타이너는 굳이 이 차이를 지적할 필요를 느끼지는 않았던 것 같다.) 슈타이너는 프로이트가 원시인과 유아를 이어붙이는 것에 반대하면서, 종교가 인간의 온전한 자기동일성을 때로 위협하기도 하고 때로 보호하기도 하는 권력과 여러가지 방식으로 관련돼 있음을 강조한다. 하지만 여기서 특별히 중요한 논의는 따로 있다. 18세기 유럽인들이 '터부'라는 말을 처음 알게 되고 그후로 여러가지 다양한 현상에 널리 적용하게 되는 맥락에는 폴리네시아가 있었는데, 슈타이너는 그 당시에 폴리네시아에 존재하던 이른바 통치체를 논의함으로써 경악을 권력과의 관계 속에서 이해할 또 하나의 길을 열어준다. 경계(터부)를 깨는 위반이 발생한 곳에서 깨진 것을 다시 강제하는 힘이 바로 권력이다. 경계(터부)를 깨는 위반에는 익숙한 종교적 죄악(이단, 신성모독 발언, 신성모독 행위), 그리고 근대 국민국가가 지배하는 속계의 범죄(반역, 테러)가 포함된다. 인간적 차원과 인간의 것이 아닌 차원, 피조물과 '창조주'를 구분하는 경계선을 고의로 위반하는 이런 행위들이 경악을 불러일으킨다. 경악이란 행동과 사고의 통제력을 완전히 잃어버리는 것이다.

신적 통치든 세속적 통치든 통치의 관심사는 이렇듯 인간적인 것을 구성하는 여러 제약들에 대한 위반을 관리하는 것, 그리고 위반이 발생했을 때 속죄가 이루어지도록 하는 것이다. 그래서 권력은 인명 살상 자체를 금하지 않는다. 오히려 권력은 범죄를 처벌하는 경우나 '정당한' 전쟁에서 희생자를 내는 경우처럼 살아 있는 육체를 망가뜨리기도 한다. 한편 권력은 영안실·장례식·묘지·전쟁기념비를 운용함으로써 모든 죽는 육체의 형태 변형──삶에서 죽음으로의 이행──을 관장하기도 한다. 살아 있는 사람들의 세계에서 죽은 사람들의 세계로 넘어가는 이런 이행 제의에서 주인공은 망자의 시체다. 망자의 죽음을 슬퍼하는 사람들은 이행 제의가 무시 또는 경시될 때 경악을 경험할 수 있다. 예컨대, 망자의 친지들은 망자가 바다에서 익사하거나 폭파 사건으로 사망하는 등의 이유로 시체를 온전히 수습하는 것이 불가능한 경우, 다시 말해 시체를 적절히 처리하고 추모하고 진혼하는 것이 불가능한 경우 상당한 동요를 경험할 수 있다. 근대국가가 ("국민의 대변기구"로서) 교전 중에 또는 교전 후에 국군의 주검을 확보하고자 하는 것은 그 때문이기도 하다. 죽은 지 얼마 되지 않은 사람과 관련되어 있는 사람은 내세에 대한 믿음의 유무와 상관없이 상당한 불안을 경험하게 된다. 죽은 사람이 얼마 전까지만 해도 살아 있었다는 사실이 살아 있는 사람의 자기동일성을 위협하기 때문이다. 적절한 언사를 표출하는 일은 (설사 그것이 분노의 표출이라 하더라도) 그 위협에 대처하는 바람직한 반응이다. 이런 반응——장례식에서의 언사, 이후의 언사——은 죽음을 삶의 지속적 형태로 포섭함으로써 삶이 덧없다는 생각을 억누르는 데 일조한다.[20] 요컨대, 경악을 불러일으키는 것은 죽음 자체가 아니라 죽음의 방식, 그리고 살아 있는 사람들이 시체를 처리하는 방식이다.

이렇듯 삶에서 죽음으로의 이행을 사회적으로 재포섭하는 과정은 공개처형, 예컨대 의례적인 고문처형의 형태를 띨 수도 있다.

『에로스의 눈물』(*Les Larmes d'Éros*, 1961)에서 조르주 바따유(Georges Bataille)는 '백각형(百刻刑)'이라는, 산 채로 서서히 찢어지는 의례적 형벌에 처해진 중국인 청년을 찍은 사진 한장——여러장 가운데 한장——을 거론한다. 1905년에 촬영되어 1923년 조르주 뒤마(Georges Dumas)의 『심리론』(*Traité de Psychologie*)에 실린 사진이다.

처형 시간을 늘리기 위해 사형수에게 아편을 준다는 말을 들은 적이 있다. 뒤마는 그의 표정에 희열이 어려 있다고 주장한다. 물론 그의 표정에는 부정할 수 없는 무언가가 어려 있다. 적어도 부분적으로는 아편과 관계있음이 분명한 그 무언가가 이 사진이 불러일으키는 번민을 더 심화시키고 있다. 내가 그 사진들 중에서 한장을

갖게 된 것은 1925년부터였다. (…) 그때 이후 나는 희열
을 안겨주면서 동시에 극한의 괴로움을 안겨주는 이 고
통의 이미지로부터 벗어나본 적이 없다. (…) 이 완벽하
게 상반되는 두가지, 곧 지고한 희열과 극한의 경악이
실은 똑같다는 것을 나는 문득 깨달았다. 나를 번민에
빠뜨리면서 동시에 나를 번민에서 해방시켜준 것은 바
로 그 깨달음이었다.[21]

바따유가 볼 때 이 사진이 경악스러운 이유 중 하나는 희
생자의 얼굴에 나타난 표정이 극한의 고통이면서 동시에
희열의 극치라는 사실이다. 바따유가 말하듯이, 여기서 경
악은 희열의 반대가 아니라, 고통과 희열의 결합이다.

중세 후기 회화들은 죽음·형벌·속죄를 그리면서 아름
다운 젊음과 그 추한 최후를 한곳에 나란히 병치시킬 때
가 많다. 인간이 썩어 없어지는 것의 불가피성, 쾌락의 덧
없음(그리고 쾌락의 비싼 대가)은 이런 그림들이 숱하게
다루는 주제다. 근대 저자들은 중세 기독교 도덕(그리고
무슬림 도덕)이 처벌적이라는 데 대해 많은 글을 써왔지
만, 실은 세속 모더니티도 에로티시즘과 사디즘을 고의적
으로 연결하는 경우가 있다. 예컨대, 프로이트는 성충동
이 항상 공격충동과 밀접하게 관련돼 있다고 보았다. 『에
로스의 눈물』에 실린 그림 가운데 바로 그 관련성을 보여

주는 엠블럼이라고 해도 좋을 것이 두장 있다. 우선, 한스 발둥 그린(Hans Baldung Grien)의 〈사랑과 죽음(바니타스Vanitas)〉(1510)에는 나체의 젊은 여자가 긴 머리를 늘어뜨린 채 손거울에 비친 자기의 모습에 빠져 있다. 그뒤에 서 있는 시체는 한 손으로는 여자의 머리 위로 모래시계를, 다른 한 손으로는 여자의 천가리개를 들고 있다. 시체의 썩은 살 아래로 메멘토 모리(memento mori)의 고전적 재현인 해골이 거의 드러나 있다. 이어, 앙드레 마송(André Masson)의 〈사마귀〉(1920경)에는 나체의 여자가 희열의 극치일 수도 극한의 고통일 수도 있는 표정으로 누워 있고, 사람 크기의 사마귀가 여자의 몸에 올라가 있다. 한 다리는 여자의 살에 닿아 있고, 입틀은 여자의 얼굴에 닿아 있다. 키스하는 것 같기도 하고 얼굴을 씹어 먹는 것 같기도 하다. (사마귀 암컷이 교미 후에 수컷의 머리를 뜯어 먹는 것을 빗댄 여성 혐오적 이미지일까?)

죄인들이 사후에 겪게 될 고통을 글이나 이미지로 묘사하는 것은 기독교의 오랜 전통이다. 그렇지만 그런 중세 작품이 겨냥하는 것은 카벨이 말하는 의미의 경악이 아니라, 죄를 지은 신도들의 가슴에 하느님의 형벌에 대한 극단적 공포를 불러일으키는 것이다. 반면에 마송의 세속적 그림은 도덕적 교훈을 주겠다는 뜻이 전혀 없다. 교미와 자살, 사랑과 살인, 쾌락원칙과 죽음충동이 본래적 현실의 두 얼굴이라는 프로이트적 명제를 자극적인 방식으로 그려 보여줄 뿐이다. 경악을 불러일으키는 것들은 내세에 있는 것이 아니라 이미 여기 있다, 우리가 죽고 사는 방법 그 자체가 경악을 불러일으킨다,라는 이야기다.

바따유의 '백각형' 논의로 돌아가자. 그 사진에 재현되어 있는 것은 살아 있는 사람의 몸——곧, 사람의 자기동일성——이 해체되는 모습에 그치지 않는다. 바따유가 볼 때 그 사진에는 그 이상의 것, 이를테면 사람이 사는 데 필요한 모든 범주들, 모든 이름들, 모든 경계 구분들이 희열 속에 해체될 가능성이 암시되어 있다. 사형수의 살아 있는 몸이 죽은 고깃덩어리가 되는 것은 더디고 고통스러운 과정이면서 극도의 환희——버크가 말하는 'delight'——가 수반되는 과정이다.[22] 이런 변모 과정〔예수의 변모사건transfiguration을 빗댄 표현——옮긴이〕에서 도덕의 가능성 자체가 무너지는 것 같기도 하다. 살아 있는 몸의 표식들이 미심쩍어지면, 그 몸을 인간의 몸으로 감각할 근거가 점점 없어지고, 그러면서 그 몸에서 인간적 가치를 인식할 근거도 점점 없어진다. 경악스러운 것은 살아 있는 것과 그렇지 않은 것을 가르는 경계, 함부로 다뤄서는 안 될 인간의 시체와 함부로 다뤄도 상관없는 동물의 시체를 가르는 경계를 넘나드는 것이 그리 어렵지 않다는 사실인 듯하다.

1949년에 조르주 프랑주(Georges Franju)는 〈짐승의 피〉

(*Le Sang des Bêtes*)라는 제목의 다큐멘터리를 만들었다. 빠리 근교 어느 도살장에 관한 영화인데, 나중에 초현실주의 시네마의 고전으로 자리 잡게 된다. 동물이 죽어서 공산품이 되는 과정의 세심한 묘사는 대부분의 관객에게 감당할 수 없는 경악을 불러일으켰다. 공포영화(horror film)를 다룬 흥미로운 학술논문에서 애덤 로웬스타인(Adam Lowenstein)은 발터 벤야민(Walter Benjamin)의 알레고리 개념을 토대로, "〈짐승의 피〉는 일상과 역사의 참상(horror of history) 사이의 관련성을 집요하게 폭로한다"라는 주장을 편다.[23] 그러면서 특히 도살장의 살풍경한 노동과 홀로코스트를 연결시킨다. 사실 많은 비평가가 〈짐승의 피〉에서 홀로코스트를 보았는데, 나는 그런 비평에 반대하는 입장이다. 공포물을 읽는 데는 해석이 필요하겠지만 경악을 경험하는 데는 해석이 필요하지 않다. 알레고리적 해석, 상징적 해석, 다 필요없다. 경악은 의미를 담고 있지 않다. **경악**은 **상태**다. 극한의 고통을 느끼는 장면, 피를 철철 흘리면서 죽는 장면, 살아 있는 것이 살코기로 변형되는 장면들은 (모두 무덤덤하게 그려지는데) 알레고리적 독해를 요구하지도 않고 불현듯 악을 드러내주지도 않는다. 인간을 죽이는 행위를 상징하는 장면들이 아니라는 이야기다. 살아 있는 것을 아무렇지 않게 죽이는 장면은 그 자체로 충격적이고, 동물을 공산품으로 다루는 것은 그 자체로

그로테스크하다. 물론 나치 강제수용소에서 기계적 몰살은 피해자를 **인간이하**(Untermensch)의 짐승으로 취급함으로써 분명 더 수월해졌을 것이고 그것은 분명 **나치 강제수용소**의 경악스러움 가운데 하나일 것이다. 하지만 도살장 다큐멘터리의 감정적 효과가 도살장을 나치 수용소로 해석해야 생기는 것은 아니다. 다시 한번 말하지만, 경악은 근본적으로 **해석**의 문제가 아니다.[24] 관객이 도살장과 죽음의 수용소를 연결시킨다는 것은 경악을 극복하고 윤리적 판단을 시작했다는 뜻이다. 경악이 자연발생적이라는 뜻이 아니라(모든 경악은 육체에 새겨진 앙금들, 흔적들에 의해 매개되어 있다), 경악하기 위해 담론적 작업이 이루어져야 하는 것은 아니라는 뜻이다.

미하엘 하네케(Michael Haneke)의 근작 영화 〈히든〉[국내 개봉 제목. 원제는 *Caché*, 2005 — 옮긴이]에서 자살은 극도의 경악을 불러일으킨다. 한 남자가 참혹한 방법으로 자살한다(도축업자 같은 의례적인 동작으로 자기 목을 벤다), 그 남자는 자기에게 끔찍한 잘못을 저지른 사람 앞에서 아무런 폭력의 기미도, 심지어 아무런 증오도 드러낸 적이 없었다. 그 장면이 경악스러운 이유는 **재현 방식**이 자극적이기 때문이 아니라 인간이 죽는 장면이 식용 동물을 도축하는 장면처럼 그려지기 때문이다. 어쨌거나 이미지의 힘은 우리가 이미지에 만들어 붙이는 그 어떤 이야기보다도 강력하다(이미지는 현실의 재현이 **아니다**). 그 자살은 주인공의 눈앞에서 벌어진다. 주인공이 경악을 느끼는 것은 분명하지만, 그 경악이 주인공에게 비판적 자기반성의 계기가 되지는 않는다. 여기서 눈여겨보아야 할 점은, 아랍인이 프랑스인과의 관계에서 상징적 자기부정 행위로 자살을 택하는 전개의 진부함(『네이션』에 실린 한 부정적 리뷰에서 지적한 점)[25]이 아니라, 그 자살 퍼포먼스 자체의 경악스러운 충격 효과가 개인이라는 근대적 주체를 구성하는 필수요소(아니면 적어도 필수요소들 중 하나)인 억압된 기억(한 나라의 역사적 기억과 한 사람의 전기적 기억 둘 다)의 숨은 의미들을 성찰하는 계기가 될 수 있다는 점이다. 다만 이 영화의 주인공에게는 경악이 성찰의 계기가 되지 못했다. 영화가 끝날 때 주인공은 분명 충격에 빠져 있다. 하지만, "그 사람이 왜 이렇게 끔찍한 짓을 저질렀지? 나한테도 책임이 있나?"라고 자문하는 대신, 수면제를 먹은 다음 아내에게 깨우지 말라고 당부한다. 필시 그도 경악을 느꼈을 테지만, 그가 경악의 상태를 벗어나 자기이해의 상태에 도달할 수 있었다는 증거는 전혀 없다.

바따유가 그렇게 경악 — 그리고 매혹 — 을 느꼈다고 하는 그 사진 이미지에서 우리가 눈여겨보아야 할 곳은 구경꾼들과 형리의 얼굴이다. 그들은 사진을 보고 있는 것이 아니라 계획대로 진행 중인 폭력 행위 그 자체를 지켜보고 있으면서도 전혀 경악한 표정이 아니다(이 점은 프랑주의 다큐멘터리에 나오는 도살장 노동자들도 마찬가지다). 이로써 우리는 두가지를 추론할 수 있다. 첫째, 그 의례적 형벌을 실제로 목격한 사람들이 그 장면을 바따유와는 다른 방식으로 받아들였다는 것으로도 알 수 있듯이, 인간의 자기동일성은 재현과 인지 사이의 그 어딘가에 놓여 있다. 둘째, 재현과 인지 사이의 긴장은 인간의 자기동일성에 영구적 위협이 된다.

타인의 육체가 망가지는 모습 앞에서의 이런 간(間)주관적 경악에 이어서, 늙어가는 사람이 자기 몸을 바라볼 때의 속절없음을 언급해야 할 것 같다. 거울을 통해 인지되는 자신의 육체는 자기동일성의 근간이다. 보부아르(Simone de Beauvoir)의 글을 보자. "내가 시몬 드 보부아르라는 활자를 읽을 때, 그 활자가 가리키는 것은 이런 내가 아니라 젊은 여자인 나"다.

마흔살이던 어느 날, 나는 이런 생각을 했다. "거울 속에서 노년이 기회를 엿보고 있구나. 언젠가 나를 덮치겠구나. 어쩔 수 없는 일이겠구나." 노년은 결국 나를 덮쳤다. 나의 얼굴이라고는 믿어지지 않는 이 물건 앞에서 나는 종종 화들짝 놀란다. (…) 내 모습을 바라보는 것이 거슬리지 않던 시절에는 내 모습을 잊고 살았다. 신경 쓸 필요가 없었다. 이제 온갖 것에 신경이 쓰인다. 나의 이미지부터가 싫다. 눈꺼풀은 축 처지고, 눈 밑은 불룩하고, 얼굴은 너무 넓적하고, 입가는 주름살 때문에 이렇게 슬픔이 감돈다. **길에서 스쳐 지나가는 사람들의 눈에 비친 나는 50대 여자다. 그냥 그 나이의 여자. 하지만 나의 눈에 비친 나는 두겹이다. 왕년의 나 자신이 세월이라는 불치병에 걸린 모습.**[26]

이 대목에서 배어 나오는 느낌은, 단순한 회한이나 혐오라기보다는, 카벨이 말하는 경악이 아닐까 싶다.

노년의 의미는 죽음이 다가온다거나 힘이 약해진다는 깨달음에 있는 것이 아니라, **자아와 육체 사이에 넘을 수 없는 간극이 생긴다**는 데 있다. 한쪽에는 한창 팔팔하던 때의 육체를 토대로 형성된 자기동일성의 이미지가 고정되어 있고, 한쪽에는 그런 자기 이미지와 연동하는 기대치에 부응하는 일이 점점 불가능해지는 육체가 있다. 기억이 현재를 조롱하고 있다. 기억이 현재 속에 되살아나는 과거라면, 노년의 육체는 현재 속에 비치는 미래다. 다시 말해, 육체와 정신이 썩는 일은 그저 머리로 예상해보는 미래의 사태가 아니라 현재 속으로 연장된 구체적 사태다. 시력·청력·근력은 약해지고, 피부와 근육은 늘어지고, 체형과 살결은 망가진다. 감정능력·주의력·기억력이 모두 약화된다. 혼자 힘으로는 일상생활을 영위하기도 어려워진다. 불확실한 기억들에 정박된 과거는 그렇게 점점 더 불확실해지고, 미래는 점점 더 육체적 현실로 자리 잡아간다. **미래의 이미지가 육체에 각인될 때 그 미래란 끊임없는 풀어짐, 끊임없는 비워짐 외에 다른 무엇도 아니다.**[27] 노년은 보통 경악을 감추고 있다.

—

자기동일성에 대한 위협을 인지한 주체는 자살을 통해 그 위협에 종지부를 찍을 수 있고, 실제로도 그런 경우가 있다. (이와 관련해 지적할 점. 노인 자살테러자는 없다. 자살테러를 수행하는 데 중요한 요건은 적절한 동기가 있느냐보다는 민첩하고 육체적으로 신뢰할 만하냐이다.) 하지만 자살이라는 극단적 해법이 자기동일성 자체에 종지부를 찍는 것도 사실이다. 물론 자기동일성을 잃는다는 것은 자살한 사람의 입장일 뿐, 뒤에 남은 사람의 입장은 다르다. 근대사회에서 자살이라는 자기처벌은 뒤에 남은 사람에게 번민을 불러일으키는 것이 보통이다. 자살한다는 것은 살아 있는 사람들을 거부한다는 것, 따라서 살아 있는 사람들을 비난한다는 것이다. 뒤에 남은 사람이 그 비난을 설명하지 못한다면, 다시 말해 그 비난을 과거의 기억과 연결 짓지 못한다면, 뒤에 남은 사람의 번민은 경악으로 얼어붙는다. 자살이 뒤에 남은 사람들(망자의 가까운 친지들과 망자를 사랑하는 사람들)에게 일정 정도 죽음을 초래한다는 말은 빈말이 아니다.

반면에, 유대교-기독교 역사상 가장 유명한 자살——유대교-기독교 전통의 핵심——의 경우는, 경악을 초래할 수 있었을 자살이 생산적 의미망으로 번역되어 있다. 그 번역 뒤에는 자살에 윤리적 해석을 부여해온 역사, 자살의 윤리적 해석을 받아들일 수 있는 감수성을 습득해온 역사가 있다.

그 역사에 따르면, 신의 독생자가 목숨을 버린 것은 인류를 구원하기 위한 자발적·의도적 행위, 곧 지고의 희생 행위였다.[28] 직접적 자살은 아니었다 하더라도, 참혹하게 피살당한다는 계획이 있었다는 뜻이다. 기독교계에서 '십자가형'은 오랫동안 법적 처벌의 모델이 되어왔다. 유죄판결을 받은 희생자의 고통이 때로는 사회적·형이상학적 질서의 회복에 필요한 보복으로, 때로는 미덕을 기르는 수단으로, 때로는 죽음이 죄지음이면서 동시에 죄사함이라는 것을 보여주는 예로 여겨질 수 있었던 것은 그 때문이다.[29] 사실, 그리스도가 행한 간접적 자살——그리스도가 당한 공개적 고문——은 사랑의 선물이면서 동시에 부당한 고통의 모델이라는 점에서 역설적이다. 세속 인본주의는 시민-군인에게 특정한 생활형태가 유지·확산될 수 있도록 목숨을 바칠 것(희생)을 요구함으로써 이 역설을 반복한다. 하지만 세속 인본주의가 사형을 용납하지는 않는다.

법적 **처벌**로서의 사형은 부당하게 집행될 가능성이 있는데, **죽음**의 강제로서의 사형은 돌이킬 수 없는 조치이기 때문이다. 인본주의자들은 (심지어 세속 인본주의자들조차) 회개와 개심의 가능성을 중요시한다. 그들에게 가장 중요한 것은 회개하면 구원받는다는 신학적 개념이며, 많은 경우 가혹한 처벌은 부차적이다.[30] 회개하는 것이 벌을 받는 것을 대신할 수 없다 하더라도 괴로워한다는 것은 진심으로 회개했다는 표시라는 것이 많은 개혁론자들의 주장이었다.

'십자가형'은 신이 한 무고한 사람에게 계획적으로 가한 형벌이었다. 그 사람은 인류의 죄악 때문에 고통당했고, 참혹한 죽음을 대가로 영원한 생명을 얻었다. 끔찍한 선물. 그런데 이 극도의 선행이 성공하는 데는 극도의 악행이 필요했다. 단, 여기서 악행은 선행과 복잡하게 얽혀 있다. 예수를 배반한 것은 유다이지만, 유다의 배반에 공모한 것은 예수 자신이다. 복음서는 이 점을 분명히 하고 있다.

예수께서 이 말씀을 하시고 나서 몹시 번민하시며 "정말 잘 들어두어라. 너희 가운데 나를 팔아넘길 사람이 하나 있다" 하고 내놓고 말씀하셨다. 제자들은 누구를 가리켜서 하시는 말씀인지를 몰라 서로 쳐다보았다. 그

때 제자 한 사람이 바로 예수 곁에 앉아 있었는데 그는
예수의 사랑을 받던 제자였다. 그래서 시몬 베드로가 그
에게 눈짓을 하며 누구를 두고 하시는 말씀인지 여쭈어
보라고 하였다. 그 제자가 예수께 바싹 다가앉으며 "주
님, 그게 누굽니까?" 하고 묻자 예수께서는 "내가 빵을
적셔서 줄 사람이 바로 그 사람이다" 하셨다. 그러고는
빵을 적셔서 가리옷 사람 시몬의 아들 유다에게 주셨다.
유다가 그 빵을 받아먹자마자 사탄이 그에게 들어갔다.
그때 예수께서는 유다에게 "네가 할 일을 어서 하여라"
하고 이르셨다. 그러나 그 자리에 앉아 있던 사람들은
예수께서 왜 그에게 이런 말씀을 하셨는지 아무도 몰랐
다. 유다가 돈주머니를 맡아보고 있었기 때문에 더러는
예수께서 유다에게 명절에 쓸 물건을 사오라고 하셨거
나 가난한 사람들에게 무엇을 주라고 하신 줄로만 알았
다. 유다는 빵을 받은 뒤에 곧 밖으로 나갔다. 때는 밤이
었다.[31]

이 유명한 대목에서 충격적 표현이 나온다. 유다가 예수로
부터 위대한 구원의 드라마가 시작될 수 있도록 맡은 바
역할을 하라는 말을 듣는 순간, 사탄이 유다의 마음에 들
어간다는 표현. 인간에게 최고의 선물이 주어지는 것은 최
대의 악행을 통해서라는 역설의 표현이다.

그러나 그리스도의 죽음이 잔혹한 것은 단순히 그 죽음의 육체적 고통 때문이 아니라 모든 인간이 무관심이라는 죄를 저지름으로써 그 죽음을 초래한 궁극적 원인이 되었다는 사실 때문이다. 의도적으로 고통을 가하는 것만 잔혹한 일이 아니라, 그 고통에 고의적으로 무관심한 것도 잔혹한 일이라는 뜻이다. 그러나 '십자가형'에서 육체의 폭력적 훼손은 (중국의 백각형에서와 달리) 경악의 계기가 되는 데 그치지 않고, 이야기 곧 우화의 일부가 됨으로써 초월적 진리의 원천이 된다. 한편, '십자가형'에서 육체를 훼손하는 폭력은 (삼손의 자살이 한 나라의 자기동일성을 회복하는 행위였던 것과 달리) 생명을 선물받는 '인간'이라는 보편적 범주를 구성하는 바탕이자 방법이다. 생명을 선물받는 것이 한 나라가 아니라 보편적 인간이라는 뜻이다. 요컨대, 기독교 문명에서 인간에게 생명을 선물할 수 있는 유일한 방법은 자멸적 죽음뿐이다. 구원하려면 잔혹함, 아니면 적어도 사람의 생명을 하찮게 여기는 죄가 저질러져야 한다는 뜻이다.

'십자가형'이 폭력의 진리를 이야기한다면, 그 이야기는 이 세속의 시대에 어떤 의미가 있는가? 대중영상물(영화, TV 등)을 보면, 남자 주인공이 무자비한 남자들에 의해 가혹한 육체적 형벌을 겪거나 가혹한 육체적 고문을 당하는 경우가 많은데,[32] 이때 그가 겪는 극심한 고통은 그 자체로 진리의 증거다. 관객은 그와 함께 아파하고, 그가 치유되기만을 기다린다. 고독한 인물이 정신적·육체적 고통을 기꺼이 감수함으로써 자신의 진리를 입증한다는 십자가형 이야기의 근대 세속 버전이다. 영화 속 인물이 겪는 극한의 고통과 희열은 공감을 통해 관객의 감수성 속으로 스며들 수 있다.[33]

근대 자유민주주의가 인본주의와 세속주의를 표방하는 것은 사실이고, 자유주의자들이 유럽의 초기 모더니티를 참화 속에 몰아넣은 종교적 열성에 거리를 두는 것도 사실이다. 종교적 가혹 행위에 수반되는 중세 감수성 앞에서 그들은 경악을 표한다. 하지만 근대 인본주의 감수성의 계보를 보면, 잔혹과 연민이 손을 잡는 경우, 또는 참혹한 살상이 가장 비열한 악이면서 동시에 가장 위대한 선이 되는 경우가 종종 발견된다. 1차대전 역사 연구자 리처드 갬블(Richard Gamble)에 따르면, "구원의 언어, 묵시적 언어, 영토 확장의 언어에 끌리는 것은 미국인들의 습성이었다. 시간의 흐름에 따라 부침이 있었고 강조점이 달라지기도 했지만, 어쨌든 그 습성 자체는 지금까지 놀라울 정도로 변함없이 이어지고 있다. 위급한 상황이라는 느낌, 거대한 변화의 벼랑에 매달려 있다는 느낌을 미국인들은 오랫동안 경험하고 또 표현해왔다. (…) 그들은 세상을 어둠과 빛, '악'과 '선', 과거와 미래, 사탄과 그리스도로 구분하는 마니교적 습성에 쉽게 빠져들었고, 그리스도를 위해 싸우는 진보의 투사, 구원의 투사를 자처하기도 했고, 심지어 미국이 속박당한 사람들을 풀어주고 고통받는 사람들을 치유하는 그리스도 그 자신이라고 상상하기도 했다."[34] 실제로 미국 연사들의 발언에는 그리스도의 희생과 미국의 전쟁 사상자를 직접 연결하는 대목이 많다. 이를테면 이런 식이다. "인류가 하늘의 왕국을 얻을 수 있도록 그리스도가 십자가에서 자기의 생명을 내어주셨듯이, 오늘 밤 우리가 엄숙히 선언하는 바, 이 나라는 인류가 구원받고 자유와 해방이 전 세계에 뿌리내릴 수 있도록 일찍이 없었던 숭고한 희생을 바친 것입니다."[35]

기독교계 역사를 다루는 연구자들이 강조해왔듯이 속죄에 관한 논의, 특히 그리스도의 최후의 고통이 인류의 구원에 어떤 의미가 있는지에 관한 논의에서 중세 후기는 매우 중요한 시기였다. 인간의 고통에 대한 경건한 기독교도의 독특한 감수성이 형성된 데에는 십자가에 못 박혀 죽은 그리스도를 다룬 중세 후기의 성상·문서·제의가 중요한 역할을 했다.[36] 그리스도는 "왕 중의 왕"이기만 한 것이 아니라 "사람을 구원한, 사람 중의 사람"이기도 했기에(한때는 전자였지만 이제는 후자가 되었기에), 그리스도의 **인간적** 고통에 얼마나 이입하는지가 얼마나 회개했는지를 알아보는 기준이 되었다.[37]

15세기와 16세기에는 그리스도의 고통과 비애를 상세하게 묘사하는 이른바 '수난' 책자들이 큰 인기를 모으면서 유럽에서 여러 언어로 제작되었다.[38] 그리스도를 궁극의 순교자로 재현하고 그리스도의 삶을 구원의 본보기('이미타티오 크리스티'(Imitatio Christi, '그리스도를 본받자'라는 뜻의 라틴어. 15세기 수도사 토마스 아 켐피스Thomas à Kempis가 쓴 동명의 저서가 대표적인 예다—옮긴이))로 내세우는 이런 글과 그림은 특히 "그리스도와 각 개인 사이의 인격적 관계를 강조"하면서 '데보티오 모데르나'(Devotio Moderna, '새로운 신앙'이라는 뜻의 라틴어. 중세 말기 유럽에서 로마 가톨릭이 주도한 신앙생활 쇄신운동을 가리킨다—옮긴이)의 근간이 되었다.[39] 그리스도가 겪은 고통을 내 것으로 느끼는 이 감수성은 좀더 능동적인 근대적 감수성(인간의 고통에는 그 어떤 긍정적인 가치도 없다고 보면서 인간의 고통에 연민을 느끼는 것이야말로 긍정적인 가치라고 보는 감수성)으로 발전했다. 그러나 아이러니하게도 다른 한편으로는 전시와 평시를 통틀어 나라의 영속을 위해 개인의 생명을 희생한다는 생각이 흔해졌다.[40] 오늘날 자유주의자들에게 "나라를 위해 목숨을 바친다"라는 말은 다소 괴상하고 수상쩍게 들리지만, "민주주의를 위해 목숨을 바친다"라는 말은 비교적 그럴싸하게 들린다.[41]

세속 자유주의자들이 전(前)자유주의 기독교의 혐오 요

소라고 보는 희생 숭배, 유혈 숭배, 죽음 숭배는 실은 근대 자유주의의 계보 자체의 한 부분이다. 근대 자유주의에서 폭력과 자애가 공존하는 현상은 우리 근대 문화 곳곳에서, 특히 일반적으로 '정당한' 전쟁이라고 부르는 전쟁에서 찾아볼 수 있다. 20세기 초에 나온 감동적인 전쟁시집들을 예로 들어보자. 몇몇 비평가가 지적한 것처럼, 루퍼트 브룩(Rupert Brooke), 시그프리드 서순(Siegfried Sassoon), 윌프레드 오언(Wilfred Owen), 로버트 그레이브스(Robert Graves) 등 영국의 1차대전 시인들이 "고상함, 온유함, 다정함, 전우애" 같은 감정을 표현한 것은 그 감정에 살상할 각오가 수반될 때뿐이었다.[42]

근대 자유주의의 기본적 가치들 중에는 중세 기독교 전통의 재탕에 불과한 것들이 있는데, 다음과 같은 모순은 그런 근대 자유주의를 구성하는 한 부분이다. 한편으로는 개인의 세속적 자기동일성을 구성해주는 동시에 개인의 건강과 안전을 보호해주는 국민국가를 지킬 수 있다면 무슨 수단이든 동원해야 한다는 당위가 있고, 다른 한편에는 인명을 존중하고 인류의 생명에 이바지해야 한다는 의무가 있다. 전자가 전제하는 것은 잔혹을 발휘할 수 있는 능력이고, 후자가 전제하는 것은 연민을 발휘할 수 있는 능력이다. 이 모순 자체가 구성하는 특정 부류의 인간 주체는 이 모순을 해결하기 위한 노력을 중단할 수도 없고 이 모순을 끝내 해결할 수도 없다는 사실을 토대로 작동한다.

"죽으면서 자기의 생명을 선물로 내주는" 현상은 근대 자유주의 문화의 다른 쪽에서도 발견된다. 장기이식이라는 의료 행위를 연구해온 인류학자들에 따르면, 장기 조달 기관은 보통 "생명의 선물"이라는 표현을 사용한다.[43] 서방 인본주의 사회에서 이 표현이 그리스도가 인간을 구원하기 위해 자신의 생명을 내준 일을 연상시킨다는 점은 분명한 것 같다. 그렇지만 이 표현은 장기이식 사업이라는 경악스러운 현상의 두가지 요소를 은폐하고 있다. 첫째, 장기시장이 존재한다는 사실(생명을 주고받는 일이 금전을 주고받는 일에 의존한다는 사실)이다. 둘째, 이른바 '장기기증자'(아이러니한 표현이다)의 신체를 겨냥하는 폭력이 조장되고 있다는 사실이다. 두 요소는 서로 연결되어 있다. 장기이식 사업이 경악스러운 이유는 이렇듯 수상쩍은 상황에서 건강한 빈곤층의 장기를 적출하고 매매하는 암시장이 성행하기 때문이기도 하지만, 신선한 장기의 신속한 적출을 허용하는 새로운 사망판정 기준인 뇌사가 특정 장기(간, 심장, 폐 등) 이식의 필요조건이기 때문이기도 하다. 죽는다는 것, 죽인다는 것, 자기동일성을 유지한다는 것이 의미하는 바의 속내──죽거나 죽임을 당한 육체에서 새 생명이 얻어질 수 있다느니, 자기동일성의 근간인 육체는 자기 자신이면서 동시에 자기 자신과는 조금 다른 그 무엇이라느니 하는 역설의 속내─에는 이렇듯 첨단 기술력과 최신 입론들이 가로놓여 있다.[44] 자유민주주의 사회는 이런 생사 문제들을 법으로 풀고자 하지만, 근대 죽음 문화가 우리 마음속에 있는 삶에 대한 애착─아니면 적어도 **우리 자신**의 삶에 대한 애착─을 조장하는 방식은 그 법의 근간을 오히려 계속 약화시키고 있다.

앞에서 나는 이른바 유대교-기독교 문명과 이슬람 문명이 충돌한다는 개념에 반론을 폈다. 이 문명 간 충돌 테제에 반대하는 다른 논자들은 무슬림 사회 내에서 빚어지는 근대적 자유주의자와 광신도의 충돌이 더 중요하다는 이야기를 하기 시작했다. 하지만 분명한 사실은 모더니티 그 자체 안에도 골치 아픈 모순들이 존재한다는 것이다. 연민과 잔혹이라는 모순이 짝을 이룬다는 것, 이 모순 속에서 자유주의적 정신이 경악을 느낀다는 것은 어쨌든 서방 특유의 현상이다.

─

육체가 갑자기 훼손될 때, 인간의 자기동일성이 갑자기 무너질 때, 그 이미지의 목격자는 대부분 경악─고통과 환희의 결합, (바따유의 표현을 빌리면) 극한의 희열과 극한의 고통의 결합─을 느낀다. 누가 눈앞에서 갑자기 자살하는 것만큼 충격적인 일도 없다. 많은 사상자가 발생하는 자살테러라면 그 충격은 더 커진다. 그럴 경우, 무력한 경악을 탈출할 방법이 있다면 그것은 바로 참혹한 폭력의 가해자에게 의로운 분노를 퍼붓는 것이다.[45]

그런데 가해자가 범죄를 저지르는 순간에 자진해서 죽는다면 어찌 되겠는가? 바꿔 말해서, 죄와 벌이 하나로 합쳐진다면 어찌 되겠는가? 위에서도 말했지만, 무력한 경악을 탈출하는 방법 중 하나는 분노 속의 자기긍정──죽음이라는 자기동일성의 훼손자를 향한 규탄의 수사를 만드는 것──이다. 이로써 경악 유발자를 범죄자로 재구성하는 것──범죄자 처벌을 원하는 것, 죄와 벌을 나누는 것──도 가능해진다. 보복살인의 경우, 죄와 벌을 나누는 방법은 경악을 사건화(事件化)하는 것──손실로서의 죽음(악랄한 범죄)에 만회로서의 죽음(정당한 설욕)으로 맞붙는 것──이다. 알다시피, 뒤르켐의 유명한 형법 테제에 따르면, 모든 법적 처벌은 대중적 분노를 그 근거로 삼으며, 보복의 욕구를 그 동력으로 삼는다.[46]

보복살인은 죽음을 죽음으로 갚는다. 삶에서와 마찬가지로 죽음에서도 1인 1표라는 민주주의의 원칙이 통한다는 듯이. 복수는 언제나 받은 만큼 돌려준다는 말로 스스로를 정당화한다. 죄와 벌 사이에 시간차가 필요한 것은 그 때문이다. 그런데 자살테러처럼 이런 식의 사건화가 불가능한 경우, 죽은 사람과 동일시하면서 보복적 정의가 실현되는 데서 만족감을 얻는 목격자는 근원적 자기동일성 감각을 송두리째 위협받으면서 경악에 사로잡히게 된다.

내가 이 장 서두에서 제기한 질문으로 돌아가자. 왜 서방 사람들은 자살테러 앞에서 경악하는가? 자살테러에서 특별히 어떤 점이 그렇게 경악스럽다는 건가? 이 장에서 내놓은 몇가지 이유는 모두 자기동일성의 파괴와 관련돼 있다. 단, 유럽인은 유럽인이 비유럽인의 손에 죽었다는 것을 알게 되었을 때 더 큰 경악을 느낀다. 인간으로서의 자기동일성을 유럽인이라는 데서 찾도록 배워왔기 때문이다. 끝으로 서방 사람들이 자살테러에 경악하는 이유를 간략하게 정리해보겠다. 첫째, 예상치 못했던 자살은 항상 충격적이다. 자살이 공개적이면서 타인의 육체와 재산이 파괴되는 사태(일상이 갑자기 붕괴하는 사태, 국민국가의 규제를 벗어나는 죽음이 발생하는 사태)가 수반되는 경우라면 그 충격은 더 커진다. 물론 '무고한' 민간인을 해치는 것으로 따지면 전쟁 쪽이 훨씬 심하지만, 우리 머릿속에 쌓여 있는 전쟁 재현물이 우리로 하여금 전쟁은 **원칙적으로** 정당한 것이고 민간인이 살상당하는 경우에도 그 사실은 변치 않는다는 시각 — 전쟁에서 사망자가 발생하는 것은 **원칙적으로** (물론 끔찍하지만) 불가피하고, 우리의 생활형식을 지키려면 어쩔 수 없다는 시각 — 을 갖게 한다. 이럴 때 먼저 튀어나오는 것은 '문명 간 충돌'이라는 다소 피상적인 어법보다는 '문명'과 '야만'을 구분하는 어법이다. 둘째, 죄와 벌, 손실과 만회를 구분하기가 불가능하다. 그런데 자유주의적 자기동일성 — 그리고 자유 — 을 가능케 하는 근대적 법률이 작동하자면 그 구분이 꼭 필요하다. 자살테러에 따른 죽음이 특별히 더 경악스러운 것은 그 때문이다. 셋째, 근대적 주체를 유지시켜주는 긴장들 — 개인으로서 자기주장을 펼칠 것이냐 공동체의 법을 지킬 것이냐 사이의 긴장, 인명 존중과 적법한 살인 행위 사이의 긴장, 정치공동체를 통해 영속하리라는 소망과 개인의 생명은 썩어 없어지기 마련이라는 엄연한 사실 사이의 긴장 — 이 와해될 수 있다. 주권을 가지고 한 사회를 대변하는 자유민주주의 국가가 유지되는 데는 이런 긴장들이 필요한데, 갑자기 사람들 앞에서 자살테러가 발생해 자유민주주의 국가의 정치가 구원의 정치가 아닌 공멸의 정치로 간주될 여지가 생긴다면 그런 긴장들이 완전히 와해될 위험이 있다는 것이다. 이제 내가 서방 사람들이 자살테러 앞에서 경악하는 마지막 이유로 꼽고 싶은 것은 유대교-기독교 전통의 연장선상에 있는 세속사회의 목격자에게 자살테러가 감정적으로 격앙된 사유 — 카프카식으로 말하면, 삶에는 죽음 말고는 아무 의미도 없다는 생각 — 를 부득불 불러일으킬 가능성이다. '십자가형'은 기독교 신자들에게 참혹한 죽음이 **모든** 죽은 자들을 향한 사랑의 계기일 수 있음을 가르쳐주었다. 그런데 자살테러에는 구원이 없으니(가해자를 위한 구원도, 피해자를 위한 구원도, 목격자와 관조자를 위한 구원도 없다), 사랑의 계기를 찾는 것도 불가능해진다(카프카의 명언 "희망은 무한히 많아. 그저 우리를 위한 희망이 없을 뿐이지"를 인유하는 표현—옮긴이).

자살테러가 경악스러운 이유는 단순히 자기가 죽으면서 남을 죽이는 행위이기 때문이 아니라 세속 모더니티의 특징 중에 일반적으로 크게 주목받지 못하는 특징—자유의 무제약적 추구, 제도적 훈육의 강제력에 저항할 수 있는 자유로운 내면에 대한 환상—을 폭력적인 방식으로 드러내는 행위이기 때문이다. 물론 자유주의는 법의 테두리를 넘어서는 폭력적 자유를 불허한다. 하지만 법을 제정하고 유지하는 힘 자체가 바로 강제적 폭력인 것 또한 사실이다. 근대전쟁의 목적이 자유와 법치의 정치공동체를 건설 내지 수호하는 것이라면, 자멸적 핵공격이 자유주의의 일부인 것과 마찬가지로 자살테러 또한 자유주의의 일부라고 할 수 있지 않겠는가,라고 질문할 수 있다. 정당한 전투병의 양심과 테러범의 악행을 구분해보려는 시도는 우리를 안심시키지만, 이 질문이 그런 시도보다 중요할 수 있다.

에필로그

내가 자살테러에 대한 논의를 구상하기 시작한 것은 2001년 9월 11일 직후부터였다. 그때 이후 미국과 그 동맹국들은 네차례에 걸쳐 '이슬람 테러'를 공격했다. 미국은 그중 두번은 전쟁 당사국이었고(아프가니스탄 공격과 이라크 공격), 나머지 두번은 전쟁 당사국 이스라엘의 결정적 정권지원국 겸 무기공급국이었다(가자 공격과 레바논 공격). 지금 이 순간도 네곳의 전쟁은 진행 중에 있고〔미국이 아프가니스탄 전쟁과 이라크 전쟁에서 종전을 선언한 것은 각각 2014년과 2011년, 이스라엘이 가자 전쟁과 레바논 전쟁에서 휴전을 선언한 것은 각각 2009년과 2006년이다—옮긴이〕, 여기서 비롯한 대규모 피해는 테러범이 초래하는 피해와는 비교 자체가 불가능하다. 이 불균형은 나쁜 동기 대(對) 좋은 동기의 불균형이 아니라 그저 테크놀로지 역량의 불균형이다. 지금까지 서방 국가들(이스라엘 포함)은 수천명의 민간인을 학살했고, 셀 수 없이 많은 사람들을 재판 없이 투옥했고, 사람들을 전투원이라는 구실로 납치·고문·암살했고, 몇 나라를 통째로 초토화시켰다. 그들의 적이 그들과 똑같이 하지 않은 것은 물론 그럴 힘이 없는 탓이었다. 하지만 이렇게 눈앞에 펼쳐진 참상은 나에게 몇가지 괴로운 질문을 던진다. (1) 대규모 인명 살상이 저질러진다는 사실 자체가 끔찍한 것일까, 아니면 비례성 원칙에 과도하게 어긋나는 점이 마음에 걸리는 것일까? (2) 문명화된 서방 국가가 일으킨 전쟁에서 수많은 민간인 사망자가 나왔는데 전쟁을 일으킨 국가는 그런 결과를 의도한 적이 없다면, 그 국가의 지도자는 무죄가 되는가? (3) 그런 민주주의 국가들의 과반수 국민이 투표로 선출된 정부의 살상 정책을 지지한다면, 그들 또한 어떤 의미에서는 살상을 초래한 동인이 아닌가? 이런 질문을 둘러싼 몇몇 논쟁을 읽어보았지만, 나는 아직 답을 모르겠다.

인류사라는 긴 관점에서 볼 때, 학살이 새로운 현상은 아니다. 하지만 일찍이 국제법을 제정했던 서방이 이제 국제법이 지켜질 수 없는 특별한 상황을 운운하고 있다는 사실은 그저 예사롭지만은 않다. 나에게 그 사실이 주는 충격은 개별 테러범의 추악한 폭력이 주는 충격보다 크다.

내가 생각하기에는 국군(특히 국제법을 안 지키는 강국들의 군대)이 불러일으키는 경악과 반군이 불러일으키는 경악 사이에는 도덕적 차이가 없다. 강국들의 경우, 잔혹함은 임의의 현상이 아니라 말썽 많은 범주에 속하는 주민들을 훈육하기 위한 계획의 일부다. 오늘날의 국제질서 내에서는 어떤 나라 사람들의 생명이 다른 나라 사람들의 생명에 비해 값싸기 때문에 그 나라 사람들이 죽는 것은 비교적 충격을 덜 불러일으킨다. 오늘날의 잔혹함은 바로 그런 종류의 국제질서를 유지하는 데에 필요 불가결한 테크닉이다.

2006년 7월 13일 목요일, BBC 라디오 1에 영국의 유명 배우 모린 립먼(Maureen Lipman)이 나왔다. 하마스와 헤즈볼라의 작전에 대한 이스라엘의 군사적 대응이 비례성 원칙에 좀 어긋나지 않느냐는 질문이 나오자, 립먼은 답했다. "여기서 비례가 왜 나옵니까? 이런 건 비례를 맞춰가면서 하는 게 아니잖아요? 이스라엘은 인명을 값싸게 보지 않는 겁니다. 반면에 저쪽에서는 인명을 값싸게 보는 거고요. 사람한테 폭탄을 묶어서 자폭하라고 내보내잖아요."[1] 물론 립먼이 말하는 인명은 **인간**의 생명이 아니라 **유대인**의 생명이었다. 실제로 "저쪽"의 인명 —아랍인의 생명— 은 값쌌다. 그들의 인명이 그렇게 값싸다는 것이 바로 이스라엘군이 그들의 인명을 그렇게 값싸게 볼 수 있는 이유였다. 인명이 죽음 시장에서 유통될 때 '문명화된' 나라 사람이냐 '미개한' 나라 사람이냐에 따라 교환가치가 달라진다는 감각은 자유민주주의 국가에서 꽤 일반적인 감각일 뿐 아니라 위계적 세계질서가 유지되는 데에 필요 불가결한 감각이다. 세계 곳곳에서 가난한 사람들이 죽는 일은 부유한 사회에 속하는 사람들이 죽는 일에 비해 덜 중요한 것이 현실 아니겠는가,라는 말을 하고 그런 생각 속에 행동하다 보니, 그것이 어느새 온 세계에서 생과 사의 패턴에 영향을 미치는 현실이 돼버린 것이다.

다들 아는 이야기다. 하지만 어쨌든 우리 쪽 미디어, 우리 쪽 정치물은 지하디스트의 무자비함이니 비개혁적 이슬람의 위험이니 하는 것에 계속 사로잡혀 있다. 자살테러라는 테마를 다루는 논자들 중에는 이런 식의 태도에 대한 냉소를 논의의 동력으로 삼는 경우도 있는 것 같지만, 어쨌든 꽤 많은 논자들은 자살폭파범의 경악스러운 이미지를 논의의 핵으로 삼고 있다. 이 책에서 나는 이 이미지가 그토록 막강한 위력을 발휘하는 이유를 생각해보고자 했다. 그러면서 내가 내린 결론은 여기에는 분명 종교적 이유가 있다는 것, 단 서방 논자들이 생각하는 종교적 이유와는 다른 의미에서 종교적 이유가 있다는 것이었다. 서방 논자들이 바라보는 자살테러는 도착적·전체주의적 이슬람의 폭력적 출현, 아니면 세속주의가 이미 극복하고 넘어간 원시적인 (따라서 불합리한) 충동의 폭력적 표출이다. 반면에 내가 여기서 종교라는 말로 칭하고자 하는 것은 조직적 집단살상, 인간의 가치 등에 대한 현대인의 감수성을 기독교 문화의 죽음과 사랑에 접속시키는 복잡한 계보다. 나는 이 계보를 제대로 연구할 필요가 있다고 생각한다. 자살테러자에게서 밝혀내야 하는 것은 죽거나 죽이겠다는 각오가 어떤 것인가뿐만 아니라 그가 죽음──자기의 죽음과 다른 사람들의 죽음──을 어떻게 보는가이기 때문이다.

근대 세속사회는 생과 사를 모순적인 시각으로 바라본다. 기독교적 역설의 단순한 재연이라고는 할 수 없겠지만 어쨌든 모순적인 시각이다. 내가 말하는 계보는 가부장의 족보(A는 B를 낳고, B는 C를 낳고)를 뜻하는 것이 아니라, 부대요소들이 이합하고 집산하는 유동 패턴을 뜻한다. 서로 모순되는 것도 많고, 결과를 예측하는 것도 불가능하다는 뜻이다. 예컨대, 한편에서는 모든 개인이 자기가 언젠가 죽는다는 사실을 직시해야 하지만, 한편에서는 유전학이 끝없는 수명을 약속하고 있다. 한편에서는 인간의 생명을 그 무엇보다 존엄하다고 여기지만, 한편에서는 모종의 집단적 생활형태를 지킨다는 명목 아래 죽이는 것이든 죽는 것이든 다 허용한다. 한편에서는 만인의 생명이 똑같이 소중하지만, 한편에서는 문명화된 인간이 학살당하는 것이 미개한 인간이 학살당하는 것보다 충격적이다. 당신이 반군의 행태나 국군의 행태를 옹호하고 싶거나, 전쟁터 군인의 행태나 교도소 고문기술자의 행태를 옹호하고 싶다면, 영리한 옹호론이 (그리고 멍청한 옹호론이) 널려 있다. 우리가 사는 이 세속세계에서는 궁극적으로는 이 모든 폭력적 행태가 집단의 영속 내지 불멸을 보장해주는 그 무언가—어떤 학자에 따르면 시민종교, 또 어떤 학자에 따르면 유사종교—라고 생각하기 때문이다.

주
■

들어가며

1 9월 11일 테러가 거의 5년 전이고, 이라크가 전쟁으로 초토화된 것이 3년 전이지만, 미국 내 여론은 여전히 미국 무슬림에게 놀라울 정도로 적대적이다.

　최근에 실시된 갤럽 설문조사(포스팅: 2006년 8월 10일)에 따르면, "비중 있는 소수민족"(갤럽의 표현)에 속하는 많은 미국인이 미국 내에 거주하는 "무슬림 신앙을 가진 사람들에 대해 부정적 감정 내지 편견"을 품고 있다. 무슬림과 이웃이 되고 싶지 않다고 말하는 미국인이 거의 4명 중 1명이다(22%). 미국인들은 미국 내에 거주하는 무슬림이 알카에다에 호의적이라는 주장에 동의하지 않는 경향이 있지만, 미국 내에 거주하는 무슬림이 알카에다를 지지한다고 믿는 미국인들도 상당수다(34%). 미국 무슬림이 미국에 충성스럽다고 믿는 미국인은 절반 미만이다(49%). 미국 무슬림이 특수한 신분증을 소지해야 한다는 의견을 지지하는 미국인이 10명 중에 거의 4명이고(39%), 같은 퍼센트의 미국인이 무슬림에 대한 '편견'이 있음을 인정한다. 44퍼센트의 미국인은 무슬림의 종교적 관점이 지나치게 "극단적"이라고 말한다. 모든 경우, 실제로 알고 지내는 무슬림이 한명이라도 있는 미국인은 그렇지 않은 미국인보다 무슬림에 더 호의적이었다. (2006년) 6월 말, 성인 미국인 1,007명을 대상으로 이루어진 설문조사였다. (www.editorandpublisher.com/eandp/news/article_display.jsp?vnu_content_id=1002984956.)

2 예컨대, 하버드 법대 교수 앨런 더쇼위츠(Alan Dershowitz)는 무슬림 자살테러자들을 규탄하면서 "티벳인들은 중국 점령 치하에서 빈곤과 탄압에 시달리면서도 삶을 찬양하고 있는데, 왜 이 특권 과잉의 청년들은 이 죽음 문화를 지지하는가?"라고 질문했다. 그 대답은 종교─특정한 종류의 종교─였다. "자살테러의 근본적 원인을 고찰할 때가 왔다. 자살테러를 부채질하는 것은 바로 죽음 문화를 만들어내고 중요한 종교의 양가적 교리를 부당하게 이용하는 종교·정치 지도자들이다." *The Guardian* (London, 2004. 6. 4).

3 토종의 제도권 테러는 오클라호마시티 폭탄테러 같은 최근의 사건이 아니라 좀더 오래되고 좀더 뿌리 깊은 것들이다. 미국에서 노예제가 종식되고 1백년간, 남부의 아프리카계 미국인들은 극심한 공포 속에 살아갔다. 이런 공포 분위기가 만들어진 일차적 원인은 흑인들에 대한 백인들의 린치였다. 백인들은 흑인들을 린치할 때 그들이 살인범, 아니면 강간범이라고 주장했다. 린치는 대개 공개적이었고, 종종 제의적 고문이 수반되었다. 역사 연구자 리처드 맥스웰 브라운(Richard Maxwell Brown)에 따르면, 린치를 구경하기 위해 많은 인파가 모여들었고, 피해자에게는 고문과 신체절단이 가해졌으며, 현지 법무 관료들의 개입은 형식에 그치거나 아예 없었다(*Strain of Violence: Historical Studies of American Violence and Vigilantism*, New York: Oxford University Press 1975, 특히 217~18면). 사회학자 캐서린 스토블(Katherine Stovel)은 1882년부터 1950년 사이에 있었던 백인의 흑인 대상 린치 사건 120건을 자세히 분석하면서, 제의적 고문이 포함되어 있으면서 구경꾼이 없는 린치를 "테러식 린치"라고 명명한다("Local Sequential Patterns: The Structure of Lynching in the Deep South, 1882-1930," *Social Forces* 79, no. 3, 2001. 3, 855면). 사실 모든 린치는 흑인 공동체에 공포를 불러일으키는 것을 목적으로 하는 테러이므로, 이 명칭은 다소 혼란의 여지가 있다. 브라운의 지적대로, "린치 의식(儀式) 전체

가 모든 흑인 주민을 향한 드라마틱한 경고——행동으로도, 말로도, 심지어 생각으로도, 백인의 우위라는 확고한 체제에 도전하지 말라는 경고——가 되도록 구조화되었다"(*Strain of Violence*, 218면). 이것은 자유민주주의 국가 내부에서 자행되는 테러로서, 특권적 인종에 속하는 주민이 낙인찍힌 인종에 속하는 주민에게 테러를 가하고 그동안 국가는 나 몰라라 하는 방식이다. 이제 린치라는 테러는 없어졌지만, 이 폭력의 사회적 영향은 오늘날 미국의 인종관계 패턴 속에 뿌리 깊이 각인되어 있다.

4 '속죄'의 고전적 이론. 이 이론을 처음 표명했던 것은 초기 교부들이었고, 이 이론을 부활시킨 것은 마르틴 루터(Martin Luther)였다. Gustaf Aulen, *Christus Victor: An Historical Study of the Three Main Types of the Idea of Atonement* (London: SPCK 1931)를 보자.

1장 테러

1 www.whitehouse.gov/new/releases/2001/09/20010911-16.html, 접속일: 2005. 6. 22(강조표시: 추가).

2 www.whitehouse.gov/news/releases/2001/09/20010912-4.html.

3 Alain Badiou, "Philosophical Considerations of Some Recent Facts," *Theory & Event* 6, no. 2 (2002). 근대국가라는 것이 대개 전쟁을 통해 만들어진 것이 아니겠느냐는 반론이 가능하지만, 미국이 비교적 최근(19세기)에 원주민 대상의 인종학살 전쟁, 대륙 서부 정복, 잔혹한 내전을 통한 자기 재창조를 거쳐 북아메리카 대륙의 동서를 가로지르는 국가로 구성되었고, 곧이어 전 지구적 야욕을 드러내는 세력으로 모핑되었다는 점에서 독특하다는 재반론도 가능하다. 지난 60년간 미국의 모든 대통령은 미국이 자기 임기 중에 세계 모처에서 전쟁을 벌이는 모습을 보았다.

4 토마스 마스트나크(Tomaž Mastnak)는 이렇게 말했다.

카롤루스 대제의 시대를 살았던 사람들까지만 해도, 사라센인들을 그저 여러 적들 중 하나로 여겼다. 가장 골치 아픈 적이었냐 하면 그런 것도 아니었다. 카롤링거 왕조가 무슬림들과 전쟁을 한 것은 사실이지만, 그들과 외교관계를 유지한 것 또한 사실이다. (⋯) 사실, 카롤링거 왕조가 대립각을 세운 전쟁 상대는 랑고바르드족, 색슨족, 아바르족, 노르만족, 덴마크족, 슬라브족이었다. 그들이 "이방 종족"이었기 때문이다. (⋯) 기독교도들의 적은 이교도, 비(非)이스라엘인, 이단, 야만인이라는 무형의 덩어리였다. (*Crusading Peace*, Berkeley: University of California Press 2000, 106~07면.)

5 Marcel Gauchet, *The Disenchantment of the World: A Political History of Religion* (Princeton: Princeton University Press 1997) 15면. 고셰의 중심 테제에 따르면, 현세적 자율성의 맹아를 품고 있는 종교는 (오로지) 기독교이며, 그 맹아가 무신론적 근대성 속에서 결실을 맺는 때가 오면 종교, 곧 외부에서 작용하는 운명의 원리는 폐기된다.

6 유세프 쿠르바즈(Youssef Courbage)와 필리프 파르그(Philippe Fargues)의 *Christians and Jews under Islam* (London: I. B. Tauris 1997)을 보면, 무슬림이 과반수인 사회에서 서방 강국들과 적대적 충돌이 발생할 때 비(非)무슬림의 지위가 악화되었음을 알 수 있다.

7 George Packer, "Fighting Faiths," *New Yorker* (2006. 7. 10, 17) 97면.

8 Richard Rorty, "Post-Democracy," *London Review of Books* 26, no. 7 (2004).

9 이 내용과 관련된 베버의 편지가 인용되어 있는 곳은 *From Max Weber*, ed. and trans. H. H. Gerth and C. Wright Mills (London: Routledge and Kegan Paul 1948)의 서론 71~72면.

10 왈저는 "정당한 전쟁"에 관한 이론을 세속적 형태로 되살리는 작업으로 유명하다. 이 테마를 다루는 그의 유명한 저서 *Just and Unjust Wars* (New York: Basic 1992)의 의의 중 하나는 베트남전쟁을 규탄한 것이다.

11 Michael Walzer, *Arguing About War* (New Haven: Yale University Press 2004) 51면.

12 그의 저서 *Just and Unjust Wars*에서 이미 이 모순적 주장을 확인할 수 있다. *Just and Unjust Wars*를 보면, 살상 가능한 대상은 군인뿐이지만 (136면), 민간인 살상을 금하는 규정이 절대적으로 적용되느냐 하면

그렇지는 않다(154면). 이 모순이 해결되는 곳은 어디에도 없다.

13 David Kennedy, *The Dark Sides of Virtue: Reassessing International Humanitarianism* (Princeton: Princeton University Press 2004) 265면.

14 Raimondo Catanzaro, ed., *The Red Brigades and Left-Wing Terrorism in Italy* (London: Pinter 1991) 130면.

15 이디스 제르탈(Idith Zertal)의 *Israel's Holocaust and the Politics of Nationhood* (Cambridge: Cambridge University Press 2005)에 따르면, 나치의 대량학살에서 살아남은 생존자들에 대한 이데올로기적 전유 — 그들의 외상적 경험과 이스라엘이라는 국민국가와의 상징적 동일시 — 가 진행되고 있다. 인종학살에서 살아남은 생존자 다수가 이스라엘에 살고 있다는 사실을 지적하는 것만으로 만족하지 못한 이스라엘 지도층은 이스라엘이라는 국가가 인종학살에서 살아남은 상징적 생존자(인종학살 역사의 완성이자 구원)라고 주장한다. 팔레스타인인들(이스라엘 공권력에 저항하는 데 실패한 세력이자 시온주의 프로젝트에 패배한 세력)을 나치식 절멸주의의 최근 버전으로 그릴 수 있었던 이유 중 하나가 바로 그것이다.

16 Benny Morris, *Righteous Victims: A History of the Zionist-Arab Conflict, 1881-1999* (New York: Knopf 1999); 같은 필자, "Survival of the Fittest," *Haaretz* (2004. 9. 1); 같은 필자, "For the Record," *The Guardian* (2004. 1. 14).

17 Henry Siegman, "The Killing Equation," *New York Review of Books* (2006. 2. 9) 18~19면.

18 "영국·미국 정책의 초점은 '고폭소이탄'의 개발이었다. 일본·독일 각 도시의 모형을 제작한 연합군 과학자들은 인구가 밀집된 도시를 통째로 불사를 수 있는 태풍 같은 '불바람'을 일으키기 위해 바람의 패턴을 계산하고 소이탄과 고폭탄의 적절한 배합 비율을 연구했다." Hugo Slim, "Why Protect Civilians? Innocence, Immunity and Enmity in War," *International Affairs* 79, no. 3 (2003) 490면. 제발트(W. G. Sebald)는 *On the Natural History of Destruction* (New York: Modern Library 2004)에서 독일 도시 공습에 대한 잊지 못할 설명을 남긴다. 특히 26~29면에서는 함부르크 공습의 참상을 묘사한다.

19 각종 국제기구 협정국들(다시 말해, 오늘날의 국가 대부분)은 교전

중에 특정한 규칙을 따라야 한다는 의무가 있지만, 교전 중인 국가들이 실제로 얼마나 규칙을 따르고 있느냐는 항상 논란거리다. 어쨌든 규칙을 위반한 것이 누구인지, 위반을 어떻게 처벌할 것인지 결정할 때 승전국이 패전국에 비해 유리한 위치에 있는 것은 분명하다. 세계 최강국인 미국은 교전규칙 문제에서 미군 사령관의 재판권을 독점하고 있다. 국제형사재판소 규정 미비준국이 많은 것은 사실이지만, 단순히 규정을 비준하지 않는 것을 넘어 고의적 회피를 꾀하는 나라는 미국밖에 없다. 미국이 90개가 넘는 쌍무조약을 체결함으로써 상대국이 미국 국적자를 국제형사재판소에 넘기지 못하게 하는 것은 미군들이 전범으로 기소되는 일을 막기 위해서다.

20 Antony Anghie, *Imperialism, Sovereignty and the Making of International Law* (Cambridge: Cambridge University Press 2004) 278면.

21 Brian Michael Jenkins, "The New Age of Terrorism," in David Kamien, ed., *The McGraw-Hill Homeland Security Handbook* (New York: McGraw-Hill 2005) 117면.

22 Joanna Bourke, *An Intimate History of Killing: Face-to-Face Killing in Twentieth-Century Warfare* (New York: Basic 1999) 67면.

23 파르타 채터지(Partha Chatterjee)의 미출간 논문 "Civil Liberties, Terrorism and Difference" (2006)는 테러라는 법적-정치적 개념을 정의하는 문제와 영국령 인도의 제국주의 통치 간에 존재하는 밀접한 관계를 흥미롭게 논의하고 있다.

24 *The MacGraw-Hill Homeland Security Handbook*에 포함된 리처드 A. 팔켄라스(Richard A. Falkenrath, 브루킹스 연구소Brookings Institute 상급연구원, 전前 백악관 대변인, 국토안보부 고문)의 서문에서는 테러의 위협(새로운 위협이자 영구적 위협)에 효과적으로 대처할 전문가 계층의 양성이라는 중대한 과제를 감당해줄 것을 대학들에 강력히 요청하고 있다.

25 미국의 "민주주의 홍보 프로그램"을 개괄하는 윌리엄 P. 앨퍼드(William P. Alford)의 흥미로운 글에 따르면, "최근의 민주주의 홍보 프로그램에서는 법이 점점 중요한 역할을 하고 있다. 민주주의 홍보 전문가 일부는 법이 (규칙성, 예측 가능성, 자의적 공권력 행사를 제약하는 구속성을 높인다는 최소한의 의미에서) 자유주의적 가치를 홍

보해준다고 보고 있다. 하지만 역설적이게도, 민주주의 홍보 전문가의 상당수는 법이란 갖가지 정권이 다양한 스펙트럼의 발전적 목표를 겨냥할 때 효과적으로 동원할 수 있는 중립적인 그 무엇이라고 보고 있다("Exporting 'The Pursuit of Happiness'," *Harvard Law Review* 113, no. 7, 2000, 1708면). 앨퍼드에 따르면, "법치주의"는 갖가지 정권—미국 정권이든 외국 정권이든, 전시 정권이든 평시 정권이든—과 양립할 수 있는 개념이다.

26 여기서 "의도"는 사회적 행위의 인과적 구조를 뜻하고, "동기"는 행위자가 이러저러하게 행동하는 이유를 뜻한다.

27 Al Gore, "The Politics of Fear," *Social Research* 7, no. 4 (2004) 783면을 보자.

28 언론·TV·대중서적들도 이러한 기술을 제공할 수 있다. 예컨대, 얼마 전에《뉴욕 타임스》에 베스트셀러로 소개된 스티븐 에머슨(Steven Emerson)의 *American Jihad: The Terrorists Living Among Us* (New York: Free 2002)를 보자. 뒤표지 문구에 따르면, 이 책은 "미국의 무슬림 극단주의자들이 국제 테러와 어떻게 연결돼 있는지를 알려주는 필독 안내서"다. 미국 독자들이 왜 이런 안내서를 필독해야 할까? 숨겨져 있는 위험을 알아내야 하니까. 많이 알아낼수록 좋으니까. 이 책은 "전투원"을 "테러범"에 집어넣고 "반미(反美)"를 둘 다에 집어넣으면서 이 등가관계가 왜 의미론적으로 올바른지를 설명한다. "모든 무슬림을 테러범으로 간주하는 것이 잘못이라면, 모든 무슬림 전투원이 자동화기를 소지하고 있고 텁수룩한 턱수염이 있고 '미국에게 죽음을'이라는 구호를 외치고 있다고 가정하는 것도 잘못이다. (…) 반미와 이슬람 투쟁에 가장 민감하게 반응하는 것은 바로 뭇 무슬림 국가의 서구화된 지식인들이다. 그들의 그러한 행동은 타 문화를 흡수해야 하는 데서 오는 중압감 앞에서 뒷걸음질 치는 태도의 표현인 듯하다"(141~42면). 에머슨에 따르면, 테러범이라는 분명한 표시가 없다는 것 자체가 모종의 해석을 유도한다.

29 "Rhetoric of the Image," in *Image-Music-Text*, ed. and trans. Stephen Heath (London: Fontana 1977) 39면.

30 www.gwu.edu/~nsarchiv/NSAEBB/NSAEBB122, 접속일: 2005. 2. 18, 출력본 소지(1980년대 중반에 중앙아메리카에서의 잔혹 행위를

보고받은 의회가 조사에 나선 후, 포스팅되어 있던 매뉴얼에 강제가 불법임을 경고하는 문구가 수작업으로 추가되었다). 앨프리드 맥코이(Alfred McCoy)의 *A Question of Torture: CIA Interrogation from the Cold War to the War on Terror* (New York: Henry Holt 2006)에 따르면, 1950년대에 CIA 자금으로 실시된 정신질환자들과 수감자들 대상의 어떤 실험으로부터 "비접촉 고문" 기법들이 개발되었다(예컨대, 감각차단, 자학행동 유도). 특히 2장("Mind Control")을 보자.

31 여기서 말하는 정보는 두가지다. "1. 상시정보: 정부 관리들에 대한 위협, 국가전복단체, 테러 행위, 무장공격 등에 관한 정보. 2. 특별정보: 과학지식이나 기술지식 등 취조 대상의 전문지식과 관련된 정보"(A-16면).

32 이 CIA 매뉴얼에는 외모를 통해서 성격별 약점을 알 수 있는 "성격유형" 목록이 포함돼 있다. 그중에는 "충성스럽고 고집스러운 성격" "낙관적 성격" "욕심이 많고 요구가 많은 성격" "불안에 시달리는 자기중심적 성격" "죄의식에 시달리는 성격" "성공 때문에 망가진 성격" "분열된 성격" "예외적 성격" "평균적·정상적 성격" 등이 있다. 이 목록에 따르면, 평균적·정상적 성격은 "때에 따라 다른 모든 유형의 특징 중 일부 혹은 전부를 드러낼 수 있고"(G-14면에서 G-111면까지), 모든 유형, 특히 마지막 유형은 판단의 융통성, 그리고 회유와 위협의 적절한 결합을 요구한다.

33 Graham Greene, *Our Man in Havana* (Harmondsworth: Penguin 1962) 150~51면.

34 이 구절은 Rony Brauman, "Mission civilisatrice, ingerence humanitaire," in Pascal Blanchard, Nicolas Bancel, and Sandrine Lemaire, eds., *La Fracture coloniale: La societe francaise au prisme de l'heritage colonial* (Paris: La Decouverte 2005) 166~67면에 인용되어 있다. 브로망이 지적하듯이, "연민"이 유럽-미국이 "미개" 세계에 개입하는 소기의 명분으로 작용하는 데는 언제나 고도의 정치화 과정이 있었다. Martti Koskenniemi, *The Gentle Civilizer of Nations: The Rise and Fall of International Law 1870-1960* (Cambridge: Cambridge University Press 2001), 그리고 Anghie, *Imperialism, Sovereignty and the Making of International Law*를 함께 보자.

35 Elbridge Colby, "How to Fight Savage Tribes," *American Journal of International Law* 21, no. 2 (1927) 285면.

36 "9·11로부터 2년 후에 이라크 아부그라이브 교도소 수감자 학대 사건으로 공분이 절정에 달했을 때 곤잘러스(Alberto Gonzales)는 언론을 상대로 이렇게 말했다. '우리의 적들은 양민을 표적으로 삼고 있습니다. 그들은 그늘 속에 숨어 있습니다. 그들은 협정에 서명하지 않습니다. 그들은 군복을 입지 않습니다. 나라를 지키는 군인이 아닌 것입니다. 그들은 생명을 중시하지 않습니다. 싸울 때나 공격을 가할 때나 계획을 세울 때나 공인된 전쟁법, 특히 제네바협약을 준수하지 않는 것입니다.'" Seymour M. Hersh, *Chain of Command: The Road from 9/11 to Abu Ghraib* (New York: HarperCollins 2004) 5면. 디테일에 정통했던 허시는 곤잘러스의 발언에 크게 분개한다. 하지만 내게는 허시가 분개한다는 것보다 미국의 정·군계 기득권층이 전혀 분개하지 않는다는 것이 좀더 흥미롭다.

37 Jenkins, "The New Age of Terrorism," 118면. 미군이 아프가니스탄과 이라크에서 엄청난 규모의 민간인을 살상했다는 것(그리고 그 규모가 근래에 발생한 테러 살상을 모두 합친 것보다 훨씬 컸다는 것)이 젠킨스의 논의에서 간과될 수 있는 것은 젠킨스가 테러 폭력을 이런 맥락에서 규정하기 때문이다.

38 Max Boot, *The Savage Wars of Peace: Small Wars and the Rise of American Power* (New York: Basic 2003).

39 이와 관련해서 콜웰(Colonel C. E. Callwell)의 고전적 저서 *Small Wars: Their Principles and Practices* (London: H. M. Stationery Office 1906)와 *Small Wars Manual: United States Marine Corps, 1940* (Washington, D.C.: U.S. Government Printing Office 1940)을 보자.

40 Kenneth R. Rizer, "Bombing Dual-Use Targets: Legal, Ethical, and Doctrinal Perspectives," *Air and Space Power Chronicles* (2001. 5), www.airpower.maxwell.af.mil/airchronicles/cc/Rizer.html을 보자.

41 Michael Walzer, "The Ethics of Battle: War Fair," *New Republic* (2006. 7. 19), ssl.tnr.com/p/docsub.mhtml?i=20060731&s=walzer073106(출력본 소지). 왈저는 자기 주장에 명백하게 배치되는 현행 인도법에 반론을 펴려는 노력이 전혀 없고, 그런 의미에서 왈저의

논의가 '전투의 윤리'(ethics of battle)에 기여하는 바는 거의 없다. 왈저의 논의는 미개한 주민을 훈육해야 함을 역설한다는 의의가 있을 뿐이다. 예컨대, 헤즈볼라가 이스라엘 북부 민간 지구에 로켓탄을 발사했던 것은 이스라엘의 레바논 남부 민간 지구 대량폭격(헤즈볼라가 이스라엘 군인 2명을 억류한 직후의 사건)에 대한 직접적 반응이었는데, 왈저는 이에 대해 말하지 않는다(*The Guardian*의 2006년 7월 13~15일 기사를 보자). 또, 이스라엘과 헤즈볼라는 오랫동안 서로 포로 교환을 겨냥한 납치를 자행해왔는데, 왈저는 이에 대해서도 말하지 않는다. (예컨대, 1989년 7월 28일에 이스라엘 외무부 웹사이트에는 이스라엘 특공대가 헤즈볼라 지도자 셰이크[sheikh, 아랍어권에서 왕족 남성이나 이슬람 지도자의 이름 앞에 붙이는 존칭 — 옮긴이] 압둘 카림 오베이드Abdul Karim Obeid를 납치한 사건이 포스팅되었다. www.mfa.gov.il/MFA/Foreign+Relations/Israels+Foreign+Relations+since+1947/19…, 접속일: 2006. 8. 3.) 최근의 레바논-이스라엘 분쟁에서 헤즈볼라가 어떠한 역할이었는지를 다룬 글 중에서 Charles Glass, "Learning from Mistakes," *London Review of Books* 28, no. 16 (2006. 8. 17)는 근자의 정통한 정보를 담고 있다.

42 Oliver O'Donovan, *The Just War Revisited* (Cambridge: Cambridge University Press 2003) 64면.

43 Zbigniew Brzezinski, "American Strategy and the Middle East" (2006. 7. 20), 워싱턴 D.C. 강연, www.thewashingtonnote.com/archives/Brzezinksi%20speech%207-20web.htm, 접속일: 2006. 8. 3.

44 Walzer, "The Ethics of Battle."

45 Colby, "How to Fight Savage Tribes," 287면(강조표시: 추가).

2장 자살테러

1 Jean Baechler, *Suicides* (New York: Basic 1979) 36, 409ff면.

2 배슐러는 여러가지 익숙한 정의를 일축한 후, "자살이란 당사자의 생명을 제거함으로써 실존의 문제에 대한 해결책을 모색·발견하는 행동 일체를 가리킨다"라는 정의를 내놓는다(위의 책 11면).

3 Jon Elster, "Motivations and Beliefs in Suicide Missions," in Diego Gambetta, ed., *Making Sense of Suicide Missions* (Oxford: Oxford University Press 2005) 240면. 엘스터의 계속된 논의에 따르면, "그렇게 최면에 걸린 것과 비슷한 상태가 안정적 동기부여 과정으로부터 생겨났을 가능성은 극히 희박하다"(240면).

4 설명들 중에는 "따돌림 당하는 총체적 부적응" "폭력적 비디오 게임에 노출" "관심 끌기" 등이 있었는데, 확인 결과 모두 부정확하거나 추측성이거나 동어반복이었다. 마이클 무어(Michael Moore)의 영화 〈볼링 포 콜럼바인〉(*Bowling for Columbine*)은 이 사건을 중심 사건으로 다루었고, 거스 밴 샌트(Gus Van Sant)의 영화 〈엘리펀트〉(*Elephant*)는 이 사건을 모델로 삼았다. 무어의 경우에는 공포와 폭력이 미국 문화의 고질적 병폐라는 자명한 주장을 뒷받침하는 예로 이 사건을 이용했다.

5 Ivan Strenski, "Sacrifice, Gift and the Social Logic of Muslim Human Bombers," in *Terrorism and Political Violence* 15, no. 3 (2003) 8면.

6 위의 글 21면.

7 May Jayyusi, "Subjectivity and Public Witness: An Analysis of Islamic Militance in Palestine," SSRC 베이루트 컨퍼런스: 중동의 공공영역 (2004. 10)에 제출한 미출간 논문.

8 아렌트의 글 전체를 옮기겠다.

분노가 비참과 고통 그 자체에서 비롯되는 자동적 반응이냐 하면 전혀 그렇지 않다. (…) 분노는 조건이 변할 수 있는데 변하지 않는 것뿐이라고 의심할 이유가 있을 때만 발생한다. 우리가 분노하는 것은 정의감에 저촉되는 일을 당했을 때로 한정되는데, 그때의 분노가 반드시 개인적 피해에 대한 반응이어야 하는 것은 아니다. (…) 폭력은 본디 즉각적이고 신속한 조치인지라, 부당한 사태에 맞닥뜨렸을 때 폭력이라는 방법은 대단히 유혹적이다. (…) 여기서 관건은, 어떤 상황에서는 폭력(논의나 대화를 배제하고 결과를 고려하지 않는 행동)이 정의의 저울을 바로잡는 유일한 방법이라는 것이다. (자기를 거짓말로 모함한 사람을 때려죽이는 빌리 버드Billy Budd는 그 고전적 사례다.) 그렇게 보자면 분노는, 그리고 (항상은 아니지만 때로) 분노에 수반되는 폭력은 '자연스러운' 인간적 감정이며, 분노와 폭력을 제거하는 것은 치료가 아니라 오히려 비인간화 내지 무력화다. (Hannah Arendt, *On Violence*, London: Allen Lane 1969, 63~64면, 강조표시: 원문.)

9 "개인화"가 개인을 의지와 책임의 주체로 인정하는 것을 의미하는 용어라면, 왜 자이으시가 이것을 새로운 현상으로 보는지는 분명하지 않다. 이슬람 독트린에는 이미 의지와 책임의 개념이 있었다.

10 꾸란의 이 구절(3장 169절)을 순교한 자라고 해석하는 것이 관행이지만, 실제로 이 구절에는 shahīd ─ "순교자" ─ 라는 단어가 나오지 않는다. 순교한 자라고 해석된 부분의 원문은 alladhīna qutilū fī sabīl lillāhi ─ "신을 위해서 죽임을 당한 사람들" ─ 이다. 팔레스타인인들이 이스라엘군의 손에 죽은 민간인들을 이야기할 때 이 부분을 인용할 수 있는 것은 이 부분이 문법적으로 수동태이기 때문이다.

11 인티파다 당시 제닌 난민수용소에서 팔레스타인 친구들을 사귄 탈리 파히마(Tali Fahima)라는 젊은 이스라엘 유대인 여성이 2005년 이스라엘에서 "전시에 적을 도와주었다"라는 죄목으로 재판을 받았다. 재판 기간 중에 수용소의 담장에는 탈리의 사진이 걸렸다. 팔레스타인 "순교자들"과 똑같은 명예를 누린 것이었다. Stephanie Le Bars, "Tali Fahima, une Israelienne trop curieuse," in *Le Monde* (2005. 9. 24)을 보자.

12 Ignaz Goldziher, *Muslim Studies*, ed. and trans. S. M. Stern (London: Allen and Unwin 1971) 2:351~52면. 골트치허는 이 말을 하기에 앞서 "하지만 샤히드(shahīd)라는 단어의 의미가 이슬람의 호전성에 어긋나는 정도까지 확장된다는 사실은 놀라운 점이다"라는 말로 자신의 당혹감을 드러낸다. 그럼에도 골트치허는 이슬람의 호전성이라는 관념을 재고할 필요가 있지 않겠느냐는 질문을 던지지 않는 것은 물론이고, 확장된 의미를 예외적 사례로 간주하는 것이 왜 모든 의미요소들을 종합할 수 있는 단일한 의미론적 장을 전제하는 것보다 바람직한지를 설명해주지도 않는다.

13 Bruno Etienne, *Les combattants suicidaires* (Paris: Editions de l'aube 2005) 34면.

14 '타밀호랑이'(스리랑카의 힌두교 기반 조직)는 자살테러를 발명했다

는 평을 받는 조직이자 지난 20년간 260건 이상의 폭파 사건에서 배후를 자처하고 있는 조직인데(빈도로는 거의 1개월에 1회 꼴이고, 수천명의 사망자는 대부분 민간인이다), 에띠엔은 이 조직에 대한 언급이 전혀 없다. '타밀호랑이' 간부가 미국 저널리스트에게 한 말에 따르면, "우리가 자살테러자들을 쓰는 이유는 자명하다. 혁명조직으로서, 우리의 자원에 한계가 있기 때문이다." Philip Gourevitch, "Letter From Sri Lanka: Tides of War," *New Yorker* (2005. 8. 1) 56면. 2006년 현재에는 이라크 내 자살테러 사건 기록이 '타밀호랑이'의 기록을 앞질렀을 것으로 보인다.

15 Sigmund Freud, *Totem and Taboo*.

16 R. Money-Kyrle, *The Meaning of Sacrifice* (London: Hogarth 1929).

17 Etienne, *Les combattants suicidaires*, 21~22면.

18 "신의 왕국" "구세주가 짐승과 싸워 승리할 것이다" "증언한 자들〔shuhadā, 어원은 shahāda〕이 성부의 오른편에 앉을 것이다" 등의 표현은 이슬람 담론과는 동떨어져 있다(기독교의 '희생제의' 개념도 마찬가지다). 그런데 에띠엔의 글에는 이런 표현들이 산재해 있다. 에띠엔은 이런 표현들이 일신론적 종교의 공통된 특징인 권위주의적 세계관의 일부이고, 그런 이유에서 지하디즘을 설명하는 데 도움이 된다고 가정한다(그리고 그전에 지하디즘이라는 하나의 단일한 기획이 존재한다고 가정한다). 내가 보기에는 설득력이 없는 가정이다.

19 예컨대, *Qurān karīm bi tafsīr al-imāmayn al-jalālayn jalāl addīn muhammad al-mahallī wa jalāl ad-dīn as-suyūtī* (Damascus: Maktabat al-Mallah 1978) 256~57면을 보라.

20 고전 아랍어에서 이스티샤드(istishhād)는 "증인 출석 요구"를 뜻했다. 통상적으로 "신을 위해 싸우다 죽는 것"에 해당하는 단어는 예나 지금이나 샤하다(shahāda)이다. 중세 기독교 문헌들과 마찬가지로 이슬람 전통에서도, 샤하다와 자살(qatl an-nafs)은 정식으로 구별된다. (근대 아랍어에서 qatl an-nafs에 해당하는 단어는 intihār이다.)

21 Etienne, *Les combattants suicidaires*, 17면.

22 세계보건기구 유럽지부, "Changing Patterns in Suicide Behaviour," *EURO Reports and Studies*, vol. 74 (Copenhagen 1982)를 보라. Nadia Taysir Dabbagh, *Suicide in Palestine: Narratives of Despair* (London:

Hurst 2005) 10면에 인용되어 있다.

23 Etienne, *Les combattants suicidaires*, 17~18면.

24 에띠엔은 알제리에서 발생한 잔혹한 내전과 팔레스타인에서의 자살 공격 작전들이 동일한 문제의 다른 국면인 듯 다루기도 하고, 기독교 묵시론 담론과 이슬람 전투원 언어를 등치시키기도 하고, 지하드와 이스티샤드를 거의 같은 의미로 보기도 하는데, 예리한 대목이 없지는 않지만 전체적으로는 설득력이 없다. 특히 프로이트의 개념(타나토스가 에로스에 대립한다는 개념)을 끌어들이는 대목은 전혀 설득력이 없다. 프로이트에 따르면, 모든 생물은 내부적 이유로 죽는다(분해되어 무생물로 돌아간다), 따라서 "모든 삶의 목적지는 죽음"이고, 죽음은 기원으로의 회귀다(Sigmund Freud, *Beyond the Pleasure Principle*, Standard Edition, New York: Norton 1961, 45~46면). 이 개념을 아무리 전개시켜본들, 자살 작전이 왜 그때, 그곳에서 일어나는지를 설명하기란 불가능하다. 사실 에띠엔은 이슬람 폭력이 특별한 설명을 요하는 모종의 징후라는 데 초점을 맞춤으로써 폭력과 살상이 자유주의자들이 드높이고 수호하는 정치까지도 포함하는 모든 정치의 핵심이라는 사실로부터 독자의 관심을 멀어지게 한다.

25 Robert A. Pape, "Dying to Kill Us," *New York Times* (2003. 9. 22). 이 기사의 입장은 *Dying to Win: The Strategic Logic of Suicide Terrorism* (New York: Random House 2005)라는 책에 다듬어져 있다. 책으로 다듬어지면서 여러가지 흥미로운 정보들이 추가되었지만, 기본적 논점은 변하지 않았다.

26 Jayyusi, "Subjectivity and Public Witness."

27 Roxanne Euben, "Killing (for) Politics: Jihad, Martyrdom, Political Action," *Political Theory* 30, no. 1 (2002) 9면.

28 모든 지하디가 하나의 동기를 가지고 하나의 기획을 따른다고 가정하는 사람들이 많다. 예컨대, 프랑스의 이슬람 정치 전문가 올리비에 로이(Olivier Roy)는 7월 7일 런던 테러 사건에 대해서 논평하면서, 무슬림 전투원들이 일으킨 모든 테러 사건(뉴욕 사건부터 발리 사건까지 전부)이 알카에다라는 한 조직의 소행이라고 가정하고 있다. 심지어 로이는 어느 네덜란드 태생의 무슬림이 테오 반고흐(Theo van Gogh)를 살해한 사건을 알카에다의 테러 목록에 포함시키면서, 알

카에다가 테러를 일으키는 것은 미국 개입이니 이라크니 이스라엘이니 하는 것들과는 상관없이 그저 세계적 차원의 "문화 간 충돌을 도발"하기 위해서일 뿐이라는 논의를 펼친다. 내가 볼 때 로이의 결론은 너무 성급하다. 로이의 논점을 하나하나 살펴보자. (1) 알카에다의 9월 11일 공격은 미국이 아프가니스탄과 이라크를 침공하기 전에 발생했다. (하지만 2001년 이전에 해당 지역에서 미국의 군사·경제·정치 개입이 없었나?) (2) 사우디아라비아 미군기지 철수 이후에도 알카에다는 전과 다름없이 사우디 정권을 공격했다. (하지만 미국과 사우디 정권의 군사·정치·안보 동맹이 미군기지 철수로 약화되기라도 했나?) (3) 알카에다 성명서를 보면, 이스라엘에 대한 언급이 거의 없다. (사실은 이스라엘의 팔레스타인 탄압과 관련된 언급이 여러차례 나오지만, 만에 하나 언급이 없다고 하더라도, 조직이 성명을 발표할 때마다 조직의 모든 관심사가 열거되겠는가?) (4) 이슬람 국가의 건설이든 뭐든 정치적 목표가 있어야 하는데, 이라크 반군은 아무 정치적 목표가 없다. (외국 점령세력과 국내 부역세력을 공격하는 것은 정치적 목표가 아닌가?) (5) 에스빠냐의 이라크 철군 이후에도 에스빠냐 경찰은 알카에다의 공격 계획을 계속 밝혀내고 있다. (그럴 수도 있겠지만, 경찰이 밝혀낸 모든 공격 계획이 알카에다의 것이겠는가?) 요컨대, 알카에다란 미국 및 미 우방세력이 불행의 원인이라고 믿는 느슨한 전투원 네트워크의 정신적 지주가 아니라 전 세계 테러를 배후에서 조종하는 중앙사령부라는 것을 로이의 논의로부터 증명하기란 불가능하다(브루스 로런스Bruce Lawrence가 오사마 빈라덴Osama bin Laden의 발표문 선집 *Messages to the World*, London: Verso 2005에 붙인 탁월한 서론을 보자). 무슬림 전투원들이 세계적 차원의 대립(우세한 미국 및 미 우방세력 대 이슬람)을 전제하고 있는 것은 사실이지만(미국이 세계 강국인 것은 사실이고, 미국이 세계 곳곳에서 우호세력을 비호하고 적대세력을 처단하는 것도 사실이다), 무슬림이 자행하는 모든 잔혹 행위들이 하나의 동기로 수렴될 수 있느냐 하면 그렇지가 않다. 예컨대, 반고흐를 살해한 범인의 "이슬람이 당하는 모욕에 대한 복수"라는 말과 평범한 영국인들을 공격한 테러범들의 "이라크 전쟁을 위해서"라는 말을 어떻게 하나의 동기로 수렴시킬 수 있겠는가(로이의 글이 실린 *Le Monde Diplomatique* 영어판

2005년 8월호를 보자).

29 Euben, "Killing (for) Politics," 22면.

30 위의 글 27면.

31 로버트 커버(Robert Cover)의 *Narrative, Violence, and the Law* (Ann Arbor: University of Michigan Press 1992)는 이 견해를 표명하는 글 중에서 가장 유명하면서 가장 설득력이 있다.

32 Richard Tuck, *The Rights of War and Peace: Political Thought and International Order from Grotius to Kant* (Oxford: Oxford University Press 1999) 195면.

33 단, 자유주의 사회의 자율적 개인이 왜 최초의 계약에 무한정 종속돼 있는지, 왜 자기에게 손해일 때조차 최초의 계약을 무시하지 않는 건지, 그 이유는 확실하지 않다. 물론, 국가에 복종을 유도하는 강력한 수단(강제 수단 또는 세뇌 수단)이 있다는 것을 그 이유로 들 수 있지만, 그렇다면 복종은 이미 단순한 사회계약의 결과가 아니다.

34 Antony Anghie, *Imperialism, Sovereignty and the Making of International Law* (Cambridge: Cambridge University Press 2004) 6장을 보자.

35 위의 책 294면.

36 이와 관련해서 시모어 허시(Seymour Hersh)에 따르면, "이스라엘 야전사령관은 핵포탄과 지뢰를 전쟁터의 필수품으로 받아들이고 있다. (…) 지금까지처럼 앞으로도 이스라엘 핵무기의 일차적 과녁은 인접 아랍 국가들이 될 것이다. 한때 핵 확전은 최후의 수단이라는 상상 속 사건이었지만, 중동에서 또 전쟁이 일어난다면, 핵 확전이 유력한 가능성으로 떠오를 것이다. 예컨대, 1973년(욤키푸르 전쟁)의 경우처럼 리디아와 이집트가 치고 나올 수도 있고, 1991년(걸프전쟁)의 경우처럼 이라크가 (아니면 다른 아랍국이) 미사일로 이스라엘을 공격해 올 수도 있다." *The Samson Option: Israel's Nuclear Arsenal and American Foreign Policy* (New York: Random House 1991) 319면.

37 미군이 이라크전에서 사용하고 있는 감손우라늄포탄과 백린을 이런 종류의 무기에 추가할 수 있다.

38 John Keegan, *The Face of Battle* (Harmondsworth, U.K.: Penguin 1978) 329~30면(마지막 문장의 강조표시: 추가).

39 Margaret Canovan, "On Being Economical with the Truth: Some Lib-

eral Reflections," *Political Studies* 38 (1990) 16면.

40 Michael Walzer, *Arguing About War* (New Haven: Yale University Press 2004) 45면.

3장 자살테러에 경악한다는 것

1 수많은 책들이 이 주제를 다루고 있는데, 그런 책에서 내놓는 설명은 기본적으로는 이 책 2장에서 다룬 영역 안에 있다. 그런 책들 중에서 1장과 2장에서 언급한 것들을 제외하고 내가 읽은 것들을 일부만 적는다. Terry McDermott, *Perfect Soldiers: The Hijackers—Who They Were, Why They Did It* (New York: HarperCollins 2005); Anne Marie Oliver and Paul F. Steinberg, *The Road to Martyrs Square: A Journey into the World of the Suicide Bomber* (Oxford: Oxford University Press 2005); Ami Pedahzur, *Suicide Terrorism* (Cambridge: Polity 2005); Mia Bloom, *Dying to Kill: The Allure of Suicide Terror* (New York: Columbia University Press 2005); Farhad Khosrokhavar, *Suicide Bombers: Allah's New Martyrs* (London: Pluto 2002); Raphel Israeli, *Islamekaze: Manifestations of Islamic Martyrology* (London: Cass 2003); Lauri S. Friedman, *What Motivates Suicide Bombers?* (Detroit: Greenhaven 2005); Christoph Reuter, *My Life Is a Weapon: A Modern History of Suicide Bombing* (Princeton: Princeton University Press 2004); Joyce Davis, *Martyrs: Innocence, Vengeance, and Despair in the Middle East* (New York: Palgrave Macmillan 2003); and Rosemarie Skaine, *Female Suicide Bombers* (Jefferson, N.C.: McFarland 2006). 이런 유의 책들에 따르면, 자살테러자는 식별이 가능한 모종의 유형이다. 심지어 저명한 작가 존 업다이크(John Updike)도 이런 유의 책을 내놓았다. 미국의 한 도시를 배경으로 하는 그의 신작 소설 *Terrorist* (New York: Knopf 2005)를 보면, 아랍 셰이크들이 광신도로 등장한다. 그들에 비하면 미국인 이슬람 개종자들은 인간적이다.

2 Jacqueline Rose, "Deadly Embrace," *London Review of Books* 26, no. 21 (2004. 11. 4).

3 대다수의 무슬림은 순교(talab al-shahāda)를 의도하는 일까지도 금지된 일로 보는 경향이 있다. 예컨대, Abu Hamid Muhammad bin Muhammad al-Ghazali, *Ihya ʾulūmaddin*, 5 vols. (Beirut: Dar al-Kutub al-ʾIlmiya 2001) 2:285~86면을 보자(역사상 가장 영향력 있는 중세 무슬림 신학자의 가장 유명한 저작이다). 이런 경향은 사우디아라비아 와하브파의 입장이기도 하다. 곧, 18세기에 와하브운동을 제창한 무함마드 빈 압둘와하브(Muhammad bin Abdul-Wahhab)는 모든 자살을 죄악으로 규정했고(Muhammad bin Abdul Wahhab, *Muʾallafāt al-shaykh al-imām Muhammad bin ʿabdalwahhab*, vol. 2, al-Fiqh, Riyadh: Islamic University, n.d., 3ff면을 보자), 지금까지도 대표적 사우디 신학자들은 모든 자살을 죄악으로 규정하고 있다. 사우디의 대(大)무프티(grand mufti, 수니파 무슬림 커뮤니티의 최고 지도자——옮긴이) 셰이크 압둘아지즈(Shaykh Abd al-Aziz bin Abdallah Al al-Shaykh)는 세계무역센터가 공격받기 몇달 전에 (하지만 이스라엘에서 최초의 자살폭파 사건들이 발생한 후에) 진행된 한 인터뷰에서, 모든 테러(tarwīʿ)는 법으로 금지돼 있다고 선언했다("Muftī ʿamm al-saʿūdiyya li-l-sharq al-awsat: Khatf al-tāʾirāt wa tarwīʿ al-āminīn muharram sharʿan," 일간지 *al-Sharq al-awsat*, 2001. 4. 21을 보자). 이슬람에 지하드의 의무가 있는 것과는 별도로 어떤 상황에서도 자살(intihār)을 허용한 경우는 없었다고 보아야 한다는 것이 그의 말이었다. 한편, 팔레스타인의 자살폭파 사건들에 상반된 견해를 표하는 무프티들도 있었다(예를 들면, 이집트의 유수프 알카라다위Yusuf al-Qaradawi).

4 법에 따른 자결이 공개처형의 형태를 띠는 경우도 있었다. 예컨대, 하라끼리(腹切り, 할복)라는 이름으로 알려진 19세기 일본의 자살의식은 운집한 회중 앞에서 이루어졌다. 1910년 런던에서 맥밀란(Macmillan)이 출간한 레더스데일 경(A. B. Freeman-Mitford, Lord Redesdale)의 *Tales of Old Japan*은 유럽의 문헌으로는 처음으로 이런 자살 중 한 건을 묘사하고 있다.

5 알샤라위(Al-Shaʿrāwi, 아랍어권에서 가장 영향력 있는 설교자 중 한 명)에 따르면, 자살과 광기는 같은 부류이고, 자살한다는 말과 신에 대한 믿음을 잃었다는 말은 똑같은 뜻이다. 신을 믿지 않는 서방에서 자살이 더 흔한 데는 그런 이유가 있다는 것이 그의 주장이다(Muham-

mad Mutawally al-Sha'rāwi, *Al-fatāwa al-kubra*, Beirut: al-Maktaba al-'asriyya 2005, 97, 103~04면을 보자). 이렇듯 고대의 자살은 명예로운 삶의 완성일 수 있었지만, 여기서 자살은 극단적 광기의 신호다. 이렇듯 자살을 극히 비이성적인 행위로 보는 관점은 물론 아브라함 계통의 종교에서도 발견되지만, 세속 법률과 세속 윤리에서도 이런 관점이 강하다.

6 Stanley Cavell, *The Claim of Reason* (New York: Oxford University Press 1999) 418~19면.

7 *Atlanta Journal-Constitution* 14 (2003. 9. 14) 5A면에 실린 크레이그 넬슨(Craig Nelson)의 기사.

8 내들슨은 『일리아드』의 한 대목(파크로클로스가 물고기를 잡듯 트로이인을 창으로 찌르는 대목)을 인용하면서 이렇게 말한다.

살해하는 자는 한 생명을 솜씨 좋게 죽여 없애면서 자기가 살아 있는 것을 기뻐하고 축하한다. 그는 사냥꾼이다. 고기 잡는 어부와도 같다. 살해한 자는 살해당한 자보다 우월하다. 살해한 자는 살아 있지만 살해당한 자는 죽어 나뒹굴고 있다. 살해한 자는 자기가 살해한 죽은 몸을 밟고 높아져 있다. 살해당한 자는 고꾸라져서 거세당하고 더럽혀지고 작아져 있다. 죽여 없앤다는 것이야말로 가장 노골적인 자기주장이다. 살해하는 자는 도발의 화신이다. 살해하는 자는 영웅 대접을 받고, 살해하는 자의 능력은 찬양받고, 살해하는 자의 영광은 빛난다. 그리스 비극을 보면, 전시 살상 행위의 우아함을 찬양하는 경우가 많다. 그 메아리는 히브리어 성경에서도 들려오고 (…) 모든 시대 전쟁문학에서 들려온다. (Theodore Nadelson, *Trained to Kill: Soldiers at War*, Baltimore: Johns Hopkins University Press 2005, 64면.)

9 위의 책 66면.

10 위의 책 68~69면.

11 예를 들어, 필립 로스(Philip Roth)의 *The Human Stain* (New York: Vintage 2000)의 레스터 팔리(Lester Farley)는 심한 정신장애를 겪는 참전군인이다. 왜 베트남에서는 적을 죽이는 법을 훈련시키고 적

을 죽여 없애는 일을 권장하는데("그는 훈련받은 대로 한 것뿐이었
다. 적이 나타나면 죽여 없애라"[69면]), 왜 고향에서는 똑같이 적을
죽여 없애려고 하는 사람한테 구속복을 입히고 진정제를 투여하는지
그로서는 이해할 수 없다.

12 Dave Grossman, *On Killing: The Psychological Cost of Learning to Kill in
War and Society* (New York: Little, Brown 1995) 75면.

13 랍비 문헌에서는 눈이 뽑힌다는 것을 눈에는 눈, 이에는 이라는 신적
인 원칙에 입각한 형벌로 그릴 때가 많다. "삼손이 눈[눈의 욕망]을
좇은 고로, 블레셋 사람들이 삼손의 눈을 뽑았으니, 기록된 바, 블레셋
사람들이 그를 잡아 눈을 뽑았더라." 판관기 16장 21절. 이 대목은 Martha
Himmelfarb, *Tours of Hell, An Apocalyptic Form in Jewish and Christian
Literature* (Philadelphia: University of Pennsylvania Press 1983) 77면
에 인용되어 있다.

14 세계무역센터가 공격당한 직후, 카를하인츠 슈토크하우젠(Karlheinz
Stockhausen)은 이 사건을 "예술작품"이라고 지칭하면서 경외감을
드러냈다. 무기명 기사 "Attacks Called Great Art," *New York Times*
(2001. 9. 19)를 보자. 이 발언이 분노를 불러일으키자, 슈토크하우젠
은 사람들이 자기의 기사를 오해한 것이라고 항변했다.

15 F. T. Prince, *Milton's Samson Agonistes* (Oxford: Oxford University
Press 1957)의 서론 17면. 프린스의 자작시들은 고통이라는 미학적
경험(나아가 에로틱한 경험)에 대한 격정적 찬가다. "Soldiers Bath-
ing"이 가장 유명하다.

16 삼손이 곳곳에 흩어져 탄압받는 동포에게 보낸 작별 메시지는 세가
지 충고로 되어 있다. 쇠붙이를 모을 것(무기를 마련할 것), 왕을 뽑
을 것(절대적 지도자를 둘 것), 웃는 법을 배울 것(용기를 가질 것).
1927년에 나온 러시아어의 독일어 번역을 중역한 Z. Jabotinsky, *Sam-
son* (New York: Judaea 1986)을 보자(1949년에 나온 할리우드 블록버
스터 〈삼손과 데릴라〉*Samson and Delilah*는 이 소설의 각색이다). 시
온주의자들에게 성서는 단순한 경전 그 이상이다. 국민헌장이기도
하다는 뜻이다. 이스라엘 건국세력의 당면 과제 중 하나는 기존의 유
럽적 고정관념을 대신할 "새로운 유대인"을 창조하는 것이었다. 수
정주의자 자보틴스키는 특히 전투병으로서의 유대인(강하고 용감하

고 적과 타협하지 않는 유대인)을 재창조하고자 했다. 자보틴스키에게는 (그리고 그의 이데올로기를 계승하는 후손들에게는) 그런 유대인이 "진짜 유대인"(구약시대의 유대인)이었다.

17 David Grossman, *Lion's Honey: The Myth of Samson* (London: Cannongate 2006). 이 책에 대한 탁월한 서평에서 제니 디스키(Jenny Diski)는 이 책이 국가의 심리를 개인의 심리처럼 다룬다는 점에 대해 적절한 형태로 문제를 제기하고 있다. "Heaps Upon Heaps," in *London Review of Books* 28, no. 14 (2006. 7)를 보자.

18 Mary Douglas, *Purity and Danger: An Analysis of Concepts of Pollution and Taboo* (London: Routledge and Kegan Paul 1966).

19 Franz Steiner, *Taboo* (London: Cohen and West 1958).

20 베르또드(Marc-Antoine Berthod)의 탁월한 논문 "Mort et vif: Penser le statut paradoxal des defunts," in S. Chappaz-Wirthner, A. Monsutti, and O. Schinz, eds., *Entre ordre et subversion: Logiques plurielles, alternatives, ecarts, paradoxes* (Paris: Karthala 2006)를 보자.

21 Georges Bataille, *The Tears of Eros*, trans. Peter Connor (San Francisco: City Lights 1989) 205~07면.

22 바따유의 논의에 대한 수전 손태그(Susan Sontag)의 논평은 이렇다.

> 바따유는 이 끔찍한 장면에서 쾌감을 느낀다는 말을 하고 있는 것이 아니다. 자기는 극한의 고통을 단순한 고통 그 이상(일종의 변모 사건)으로 상상할 수 있다는 말을 하고 있는 것이다. 고통과 아픔을 이런 식으로 바라보는 시각의 뿌리에는 고통을 희생과 연결 짓고 희생을 고양과 연결 짓는 종교적 사유가 있다. 이런 시각과는 거리가 먼 근대 감수성은 고통을 잘못된 일, 불행하게 당한 일, 고약하게 저질러진 일이라고 본다. 고통을 바로잡혀야 하는 그 무엇, 거부되어야 하는 그 무엇, 사람을 무력하게 하는 그 무엇으로 본다는 것이다. (*Regarding the Pain of Others*, New York: Farrar, Straus and Giroux 2003, 98~99면.)

단, 근대 감수성은 고통을 받아들이는 것은 거부하되 고통을 가하는 것은 거부하지 않는다는 점에서 모순적인데(법적 처벌과 전쟁은 그 자명한 예들이다), 손태그는 그 모순을 지적하지 않고 있다.

23 Adam Lowenstein, *Shocking Representation: Historical Trauma, National Cinema, and the Modern Horror Film* (New York: Columbia University Press 2005) 22면.

24 내가 〈짐승의 피〉를 처음 본 것은 1990년대 초반이었는데, 그때 나도 다른 관객들과 같은 경악을 느꼈다. 하지만 그 영화를 홀로코스트의 기계적 살해와 연결 짓지는 않았다. 비평가라면 내가 순진한 관객이었다고 말할 수도 있다. 내가 말하고자 하는 것은 내가 이 영화를 올바로 해석했다는 것이 아니라, 이 영화가 나의 온몸을 자극했다는 것, 그때 내가 느낀 경악 그리고 환희(버크의 개념)의 기반은 바로 이 온몸의 자극이지 해석이 아니었다는 것이다.

25 Stuart Klawans, "Cruel and Unusual Punishment," *The Nation* (2006. 1. 30).

26 Simone de Beauvoir, *Force of Circumstance*, trans. Richard Howard (New York: Putnam 1965) 656면.

27 프란츠 카프카의 『변신』에 대한 마틴 그린버그(Martin Greenberg)의 극히 흥미로운 논문에 따르면, 이것은 죽음에 관한 이야기이되 "대단원이 없는 죽음, 정신이 흐지부지 꺼져 없어지는 죽음"에 관한 이야기다("Gregor Samsa and Modern Spirituality," in Harold Bloom, ed., *Franz Kafka's The Metamorphosis*, New York: Chelsea House 1988, 19면). 죽음의 의미를 상징적으로 그려 보이는 이야기가 아니라 아무 의미 없는 한 죽음을 그냥 따라가는 이야기다. 세속의 차원은 언젠가 비워질 수밖에 없다는 것, 그리고 그레고르 잠자가 다른 사람들이 보는 자신과 자기가 생각하는 자신이 완전히 다르다는 것을 깨닫는다는 것, 이 두가지 사정으로 말미암아 그의 인간으로서의 위상을 해명해보려는 모든 노력은 그 근거를 상실한다. 이 작품의 충격 효과는 이를 통해 설명될 수 있다.

28 에번스-프리처드(E. E. Evans-Pritchard)가 아프리카 종교를 해석하면서 기독교 개념을 끌어들이는 한 대목에 따르자면, "이렇듯 희생을 바치는 사람의 일부분은 희생자와 함께 죽는다. 속죄로 볼 수도 있고 부활로 볼 수도 있다. 아니면 자기 스스로를 제물로 바치는 것으로 볼 수도 있다(정신분석가들은 '자살'이라는 용어를 사용한다)."

Nuer Religion (Oxford: Clarendon 1956) 281면(여기서 말하는 "정신 분석"은 이 책 2장에 언급된 R. 머니-키를의 희생 연구를 가리킨다). 이렇듯 부분적 죽음, 속죄, 부활을 아우르는 기독교적 개념망은 이슬람의 희생 전통 속에서는 전혀 찾아볼 수 없다. 부분적 죽음이라는 표현은 얼핏 보면 은유적 표현에 불과한 것 같지만, 삶과 죽음을 그저 이항대립 관계로 보려고 하니까 부분적 죽음을 은유 이상으로 볼 수 없게 되는 것뿐이라는 주장도 가능하다. 최근에 생겨난 뇌사라는 의생명학 개념, 그리고 장기이식이라는 의료 행위는 삶과 죽음이라는 이 단순한 이항대립을 생물학적 차원에서 복잡하게 만들기 시작하고 있다.

29 Timothy Gorringe, *God's Just Vengeance* (Cambridge: Cambridge University Press 1996)를 보자. 이 책에서 고린지는 기독교의 역사를 지배해온 형벌 모델('십자가형')로부터 거리를 두면서, 자유주의적 형법 정책에 우호적인 해석(인본주의적 해석)을 내놓고 있다.

30 "독방종신형" 선고가 내려질 때 이렇다 할 자유주의적 비난 여론이 일지 않는 것은 그 때문이다. 수감자가 마당에서 걸을 수 있는 것은 하루에 두시간뿐이고, 수감자가 좁은 마당에서 볼 수 있는 것은 좁은 하늘뿐이다. 어느 수감 전문가는 "시간은 흐르고 그들은 썩는다"라고 말하면서 흡족함을 드러냈다('"Supermax' for Worst of Worst," *New York Post*, 2006. 5. 4, 4면).

31 요한의 복음서 13장 21~30절.

32 예술사학자 발렌틴 그뢰브너(Valentin Groebner)는 중세가 폭력을 대하는 태도를 논의한 책에서 이렇게 말한다.

지금의 우리가 바라보는 십자가는 5백년 전에 살던 사람들이 바라보았던 십자가와는 다르다. 표현을 바꾸어, '십자가에 못 박힌 그리스도'가 바라보는 우리가 달라졌다고 말할 수도 있다. 어쨌든 남자의 피투성이 몸이라는 형상이 진리의 재현물로 받아들여진다는 것은 유럽과 미국의 시각문화의 뿌리 깊은 특징이다. 심하게 망가진 얼굴의 이미지들은 21세기 초에도 여전히 모종의 효과를 불러일으킨다. 오늘날까지도 피 흘리는 남자의 몸이 교훈적 이야기의 중심에 진리의 형상으로 자리 잡고 있을 때가 많다. 영화에서 남자의 벌거벗고 상처 입은 몸이라는 이미지가 도덕적으로 고결한 의미를 연상시키는 것은 가혹 행위를 당한 여자의 이미지가 성적인 의미를 연상시키는 것과 대조적이다. (*Defaced: The Visual Culture of Violence in the Late Middle Ages*, New York: Zone 2004, 121~22면.)

이런 유의 시각적 재현물이 성차별주의적이라는 그뢰브너의 지적은 옳지만, 진리의 상징인 상처 입은 남자 주인공이 어떻게 관객의 열렬한 사랑의 대상이 될 수 있는가에 대한 논의가 없는 것은 아쉬운 점이다.

33 예컨대, 폭넓은 호평을 받은 영화 〈시리아나〉(*Syriana*, 2006)는 CIA 요원(조지 클루니George Clooney 분)이 아랍인의 고문을 견디고 살아남아 서서히 진실을 발견해간다는 이야기다. 물론 아랍의 현 정권 다수가 고문기술자를 보유하고 있는 것은 사실이다. 그렇지만 아부그라이브의 시대에 나온 영화에 미국인 주인공이 아랍인에게 고문당하는 장면이 있다는 사실이 엉뚱하다는 것만은 틀림없다.

34 Richard Gamble, *The War for Righteousness: Progressive Christianity, the Great War, and the Rise of the Messianic Nation* (Wilmington, Del.: ISI 2003) 5면.

35 위의 책 153면에 인용되어 있다.

36 예컨대 제임스 매로우(James Marrow)는 이렇게 말했다.

중세 후기 신앙의 잘 알려진 특징 중 하나는 고통받는 그리스도에 대한 묵상이 출현했다는 것이다. 경건한 신자의 새로운 소망(그리스도의 인간적 면모와 '수난'을 내밀하게 인식하고 감정 이입적으로 경험함으로써 신과 가까워지고 싶다는 소망)은 종교문학과 종교예술에 근본적 변화를 낳았다. 기존 장르의 내용과 양식이 진화하면서 인간적·감정적 면모를 띠게 된 당대의 신앙을 반영하기도 했고, 완전히 새로운 장르가 만들어지기도 했다. 새로 만들어진 장르로는 '수난극' 부류가 있었고, '묵상용 성화/성상'(Andachtsbilder)이라 지칭되는 시각적 재현물도 있었다. ("Circumdederunt me canes multi: Christ's Tormentors in Northern European Art of the Late Middle Ages and Early Renaissance," *Art Bulletin* 59, 1977,

167면.)

내면의 신앙을 그리스도와 성인들의 육체적 고통에 대한 연민과 연결 짓는 감수성이 계발되었다는 논의는 Paul Binski, *Medieval Death: Ritual and Representation* (Ithaca, N.Y.: Cornell University Press 1990)에서도 볼 수 있다.

37 Jacques Le Goff, *Medieval Civilization* (Oxford: Blackwell 1988) 158면. 십자가에 못 박힌 그리스도라는 형상이 중세 신앙과 중세 감수성을 어떻게 조율했는가에 대한 전반적 논의는 특히 152~59면에서 찾아볼 수 있다. 잔혹과 연민이 뒤얽혀 있다는 논의는 Jan Huizinga, *The Waning of the Middle Ages* (Harmondsworth: Penguin 1955)에서 좀더 찾아볼 수 있다.

38 예컨대, 15세기의 기독교도 신앙생활지침서 *Opera a ben vivere*의 한 대목을 보자. 저자는 피렌쩨의 대주교이자 화가 프라 안젤리꼬의 친구였다.

> 우리 주 예수 그리스도의 수난을 날마다 조금씩 묵상하라. (…) 십자가 앞에 무릎을 꿇고, 주님의 얼굴을 바라보라. 육신의 눈이 아닌 마음의 눈으로 바라보라. 먼저, 가시면류관에 찔린 머리, 뼈가 드러나는 상처를 바라보라. 계속해서, 피눈물이 맺힌 눈을 바라보라. 계속해서, 침방울이 묻은 입술, 피고름이 흘러나오는 입을 바라보라. 계속해서, 침과 피와 고름이 엉겨 붙은 수염을 바라보라. (…) 이 모든 것을 묵상하면서 '주님의 기도'와 '성모송'을 암송하라. (Laurence Kanter and Pia Palladino, *Fra Angelico*, New Haven: Yale University Press 2005, 174면에 인용되어 있다.)

칸터와 팔라디노는 이런 섬뜩한 디테일들이 프라 안젤리꼬의 유명한 그림 〈가시면류관을 쓴 그리스도〉에 포함돼 있음을 지적한다.

39 Laurinda Dixon, *Bosch* (London: Phaidon 2003) 121면.

40 이 대목에서 에르네스뜨 르낭(Ernest Renan)의 유명한 글 "What Is a Nation"의 마지막 대목(국민 통일을 위한 고통의 위대함을 찬양하는 대목)을 떠올리는 것도 가능하다. "국민이 만들어지기까지 수고

와 희생과 헌신의 기나긴 과거가 있다는 것은 개인의 경우나 마찬가지이다. (…) 얼마나 사랑하느냐는 얼마나 희생하기로 했느냐, 얼마나 고통당했느냐에 비례한다. (…) 그렇다, 국민을 하나로 만드는 것은 기쁨이 아니라 함께 나눈 고통이다." *Qu'est-ce qu'une nation?* (Paris: Presses Pocket 1992) 54면. 희생은 국민의 영속을 위한 필요조건이고, 전쟁은 희생의 현장이라는 것이 르낭의 청사진인 것 같다. 앞서 인용한 시어도어 내들슨의 책에서는 이런 식의 청사진을 더 노골적으로 표현하고 있다.

문명을 위해 전쟁을 해야 한다는 것은 분명하다. 자기보존을 위해 싸우고 죽여야 한다는 것도 분명해 보인다. 나와 나의 사람들을 죽이러 온 자들을 죽이는 데 필요한 분노를 내가 아직 느낄 수 있음을 나는 참전군인들을 통해 깨달았다. 이제 나는, 내게 있는 그 분노가 우리의 문명을 지키는 데 필요한 분노라고 보게 되었다. 그것은 2001년 9월 11일 사건을 통해 한층 더 분명해졌다. 우리가 한 국민으로, 그리고 한 문명으로 유지될 수 있는 것은 우리가 수시로 자기보존을 위한 사투를 감행해왔기 때문이다. 우리의 예술, 우리의 법률, 우리의 과학이 우리 문명의 일부로 남아 있는 것은 그것들이 그자체로 대단히 훌륭해서만이 아니라 우리가 그것들을 수호하겠다는 도덕적 의지를 갖고 있기 때문이다. 지금의 싸움은 즉결구속, 불관용, 여성 비하를 그 불변의 도그마로 삼고 있는 이슬람 근본주의와의 싸움이다." (*Trained to Kill*, 169면.)

41 C. John Sommerville, *The Decline of the Secular University* (New York: Oxford University Press 2006) 59면.

42 에이드리언 시저(Adrian Caesar)의 흥미로운 저서 *Taking It Like a Man: Suffering, Sexuality and the War Poets* (Manchester, U.K.: Manchester University Press 1993)의 234면을 인용했다.

43 레슬리 샤프(Lesley Sharp)는 "크게 환영받고 있는 장기이식 기술의 발전은 의료 전문가들에게 당혹감을 안겨주는 윤리적인 문제들을 초래한다"라는 점을 지적한다.

인간의 장기와 관련해 정교한 은유가 동원되곤 하는 것은 그런 불편함을 확실하게 잠재우기 위함이다. 그중에서 가장 널리 퍼져 있으면서 가장 빤한 방법은 장기에 '생명의 선물'이라는 라벨을 붙이는 것이다. 이 라벨을 통해 장기가 상품이라는 경제적 현실이 재빨리 신비화된다. 미국에서 이식용 장기는 자발적·이타적·익명적으로 증여되는 것이어야 하며, 장기와 교환된 돈은 오로지 수술비용으로 받아들여져야 하지, 절대로 장기의 대가로 받아들여져서는 안된다. 금전적 보상을 요구하거나 제의하는 일은, 그 형태를 막론하고 이타주의(남을 위해 그야말로 내 몸을 내어주는 정신)라는 미국의 이상(그리고 사실상 유대교-기독교의 이상)을 그 근간에서 파괴하는 일이 된다. ("Commodified Kin: Death, Mourning, and Competing Claims on the Bodies of Organ Donors in the United States," *American Anthropologist* 103, no. 1, 2001. 3, 116면.)

샤프의 설명에 따르면, 익명성은 장기 수급 시장의 성장과 밀접하게 연결되어 있다. 함께 볼 곳은 Nancy Scheper-Hughes, "The Global Traffic in Human Organs," *Current Anthropology* 41, no. 2 (2000).

44 이 주제를 다룬 탁월한 연구로는 Margaret Lock, *Twice Dead: Organ Transplants and the Reinvention of Death* (Berkeley: University of California Press 2002).

45 팔레스타인이 이스라엘에서 처음 시도한 자살공격은 1994년에 이스라엘이 하마스 간부를 사법절차 없이 처형한 데 대한 보복조치였다.

46 Emile Durkheim, *The Division of Labor in Society*, trans. George Simpson (Glencoe, Ill.: Free 1960). 특히 2장을 보자.

에필로그

1 이 인터뷰는 Yasmin Alibhai Brown, "Opinion," *The Independent* (2006. 7. 17) 29면에 인용되어 있다.

인간이라는 범주

━━━━━

탈랄 아사드 인터뷰*

탈랄 아사드는 이슬람 연구에서 중요한 역할을 해왔고, '이슬람'이란 무엇인가, '무슬림'이란 어떤 존재인가라는 무슬림의 자기이해에도 중요한 영향을 미쳐왔다. 이 인터뷰에서는 '인간'과 '문명'이라는 유럽 중심적 개념, 유럽과 미국에서 점점 악화되는 이슬람혐오증, 서방 국가—특히 미국—이 예나 지금이나 아무런 처벌의 우려 없이 자행하는 폭력 등을 논의한다.

---

*《월간 이슬람》(*Islamic Monthly*, 2015)에 수록된 "Being Human: An interview with Talal Asad". 《월간 이슬람》은 미국에서 발행되는 잡지로, 전 세계 무슬림 관련 이슈를 다루는 독립적·비종교적 저널임을 내세우고 있다.

인터뷰를 진행한 하산 아자드(Hasan Azad)는 컬럼비아대학 종교학부에서 이슬람 연구로 박사과정을 수료했으며, 《알 자지라》《허핑턴 포스트》등에 기고하고 있다. 〔옮긴이〕

하산 아자드 '인간'이 벼랑 끝에 와 있다고 합니다. 전부 스스로 자초한 일이라고 합니다. 완전한 환경파괴, 제6차 대멸종이 머지않았다고 합니다. (올해〔2015년〕 6월에 나온 한 과학자 단체의 보고서를 보니, 동식물의 멸종 속도에 비추어볼 때 지구는 인간이 자초한 각종 재앙으로 제6차 대멸종 시기에 접어들었다고 합니다.) 자연계 앞에서, 이질적 종족들 앞에서 **차이**를 내세우는 대신 우리 모두 **하나**임을 인식하는 일이 역사상 그 어느 때보다 시급하다고 합니다. 어떻게 생각하십니까?

탈랄 아사드 2차대전 직후를 돌아보면, 현대의 위대한 업적이라 함은 곧 '유럽 문명'의 위대한 업적이었습니다. 내가 기억하기로는 당시 모두가 유럽 문명을 말했습니다. 세계가 '유럽 문명의 위기'를 겪었다, 이제 유럽 파시즘이 타도되었다,라는 말도 했습니다. ('유럽 문명'과 '현대 문명'과 그냥 '문명'이 다 같은 뜻이었습니다.) 그런 식으로 '인간'을 가장 진보한 부류와 아직 그 수준에 도달하지 못한 부류들로 구분했던 것입니다. 물론 옛날 옛적 이야기입니다. 그동안 다른 표현도 많이 나왔고, 그 구분에 대한 비판도 있었습니다. 어쨌든 당시에는 그런 뜻이 있었습니다. "이렇게 대단한 업적을 이룩할 수 있고 이렇게 대단한 가치를 수호할 수 있는 것은 너희가 아니라 **우리**다." 그런 뜻이었습니다.

　예전에 한 친구는 공연히 복잡한 것을 볼 때마다 "백인은 과연 똑똑하구나!"라는 말로 우리를 웃기곤 했습니다. "백인은 과연 똑똑하구나!" 나도 꽤 자주 쓰는 말입니다. 내 말은, 19세기 후반과 20세기 전반, 심지어 2차대전 이후까지도 그렇게 구분하는 것이 흔한 태도였으며 진지한 주장이었다는 뜻입니다. 유럽 인종이 우월한 인종이라는 생각과 유럽 문명이 '최고'의 문명이라는 주장이 연결되는 것은 매우 흔한 일이었습니다.

　지난 수십년간 세계적 차원의 각종 위기가 누적되어왔습니다. 기후변화, 원자력발전의 위험과 핵전쟁의 위협, 통제 불능의 세계금융체제 등등. 그 앞에서 이런 말이 들립니다. "**인간**이 이런 짓을 했구나." 예전에 유럽인들과 미국인들은 "서양이 이런 위대한 일을 해냈구나"라고 했는데, 어느새 주어가 '인간'으로 바뀐 것입니다. 예전의 글들을 다시 읽어보면, 유럽 문명의 위대한 업적이니 서양의 위대한 업적이니 하는 말을 모든 사람이 했습니다. (진짜 모든 사람이 그런 말을 하지는 않았겠지만 지식인들, 정치가들, 식민지 총독들은 그런 말을 했습니다.) 그런 말이 꽤 그럴싸하게 들리기도 했습니다. 심지어 제3세계의 많은 개혁가들도 그런 식의 말을 했습니다. 학문이 발전한다는 것, 군사력이 강하다는 것이 도덕적 가치를 보여주는 표시라는 생각을 그들도 내면화하고 있었기 때문입니다. 내 말은, 세계적 차원의 재앙을 말할 때가 되니 인간 **전체**라고 한다는 겁니다. 갑자기 **인간** 전체가 책임질 문제라는 말이 들립니다. 아시아·아프리카·라틴아메리카의 농민들도 도시 빈민들도 포함해서 말입니다!

하산 아자드　알고 보면 주로 서방, 즉 선진국이 책임질 문제라는 뜻이군요.

탈랄 아사드　맞습니다. 위대한 업적들, 아니면 사람들이 위대한 업적이라고 생각한 것들 모두가 인간의 일부, 곧 서양(서양의 기독교 문화권)의 것이라고 주장하던 그 서양이 임박한 파국 앞에서 이것이 자기네 탓만은 **아니라고** 주장하고 있습니다. 말썽이 나니까 초점이 '서양'에서 인간 전체로 옮겨 옵니다. 인간 전체 때문에 이 말썽이 났다고 말입니다. 지금껏 일어난 최악의 말썽 중 하나는 미국이 히로시마와 나가사끼에 원자폭탄을 투하한 일입니다. 핵 시대의 막을 연 사건이었습니다. 나치가 유럽에서 유대인을 학살한 일에 비하면 크게 주목받지 못한 사건입니다. 하지만 나치의 유대인 학살과 미국의 원폭 투하 가운데 인간사에 좀더 근본적인 단절을 초래한 것은 후자입니다. 살상의 규모는 전자가 훨씬 더 컸지만, 유럽 유대인을 살상한 바탕은 과학의 비약적 발전이 아니라 이데올로기적인 이유로 살상하기로 정한 인간들을 대규모로 강제 수용하는 것이었습니다. 원폭은 평범한 도시에서 평범하게 살아가던 사람들을 남녀노소 상관없이 대규모로 (심지어 사람이 아닌 동물들까지) 살상했습니다. 모두가 한순간에 몰살당했습니다. 더구나 그때의 무기는 지금 것과 비교하면 원시적이었습니다. 인류사상 가장 위태로운 시대가 새롭게 열린 것입니다. 이 시대를 연 것은 인간 전체가 아니라 테크놀로지와 이데올로기로 무장한 인간의 일부였습니다.

한마디 덧붙이자면, 미국의 원폭 투하가 수백만 미국인의 생명을 구한 조치였다는 주장이 여전히 나오고 있는데 그것은 사실이 아닙니다. 진짜 이유는 인도적인 것이 아니라 정치적인 것, 곧 소련을 상대로 미국의 힘을 과시하는 것이었습니다. (의사결정기구에 속해 있던 사람들 중 다수가 인정하는 사실입니다.) 간단히 말하겠습니다. 서양 과학, 서양 기술의 업적을 말하는 것도 좋고 서양 고유의 도덕적 가치를 말하는 것도 좋습니다. 그런데 서양이 과학적 발견의 주체다, 서양이 증기기관과 라디오와 전기와 현대 의약과 민주주의 정부와 보편주의를 발명한 주체다, 그렇게 말하던 사람들이 이제 끔찍한 가능성들이 눈앞에 닥쳐오니까 자기네가 단순히 서양인이 아니라 사실은 인간이라고 주장합니다. 어두운 미래를 책임져야 하는 주체가 바뀐 것입니다. 하지만 더 중요한 문제는 따로 있습니다. 서양 자본주의가 빚어낸 현대 세계는 그 모든 업적에도 불구하고 그 자체로 끔찍한 가능성들로 가득 차 있는데 (기후변화니 핵전쟁의 위협이니 하는 문제만이 아닌데) 그에 대한 자각이 거의 없습니다.

하산 아자드 10월 9일과 10일 양일간 미국 전역의 모스크 앞 스무곳에서 '세계인간대회'(The Global Rally for Humanity)라는 야외행사가 있었습니다. (그렇게 성공적인 행사는 아니었습니다.) 주최자 가운데 하나는 미 해병대 출신으로 지난 5월에 피닉스의 한 모스크 앞에서 '무하마드 만평 경연대회'를 개최한 존 리츠하이머(Jon Ritzheimer)였습니다. 프랑스에서는 1월에 샤를리 에브도(Charlie Hebdo) 테러 이후 2백만 군중이 운집하기도 했고("중산층의 패도와 편견과 이슬람공포증을 보여준 역겨운 사건"이었다는 것이 사회학자 에마뉘엘 또드Emmanuel Todd의 평이었습니다), 영국에서는 4월에 케이티 홉킨스(Katie Hopkins)라는 막말꾼이 시리아의 난민과 이민자를 가리켜 쓸어버려야 할 "바퀴벌레"라는 표현을 쓰기도 했고, 오스트레일리아에서는 7월에 멜버른에서 '리클레임 오스트레일리아'(Reclaim Australia)라는 반(反)이슬람 캠페인이 벌어지기도 했습니다. 이런 것을 보면, 서양에서 이슬람과 무슬림은 '인간'이 아닌 모든 것을 상징하게 된 것 같습니다. 당신의 최근 논문 「폭력, 법, 인도주의에 대한 성찰」("Reflections on Violence, Law, and Humanitarianism," *Critical Inquiry* 41, 2015)은 '인간'이라는 개념의 계보를 추적하는 글이었지요? 이 글의 논점 가운데 하나는 2차대전 중에 '인간'이라는 말이 어떻게 '기독교인'이라는 말의 동의어로 널리 쓰이게 되었는가 하는 것이었고요. "인간이라는 개념 속에는 이미 **차이** 개념이 새겨져 있다"라는 언급도 있던데요. 그렇다면 무슬림/이슬람이 그 유럽적–미국적 '인간' 개념에 완전히 동화되는 길은 뭐라고 생각하십니까? 그런 동화가 가능할까요? 아니, 바람직하기는 할까요?

탈랄 아사드 유럽 문명이 인류 역사상 가장 진보적이고 가장 독창적이고 가장 생산적인 문명이라는 생각부터가 이미 모종의 위계를 전제하고 있습니다. 유럽 문명이 그렇게 우월한 문명이 된 것은 기독교 덕분이라는 주장을 과거에는 많은 사람들이 했습니다. (그리고 지금도 하는 것 같습니다.) 그런 주장이 계속되는 한, 서양 문명은 현실이 아닌 상상 속 문명에 불과할 겁니다. 하지만 어쨌든 19세기와 20세기에는 '인간'을 그런 식으로 이해했습니다. 인간 전체 가운데 가장 지혜로운 부류, 가장 도덕적인 부류가 인간을 대표한다는 생각이지요. 이런 생각에 이미 위계가 들어 있고요. 그런데 이제 전 세계를 위협하고 있는 온갖 재앙을 전 인류와 공유하고 싶다고 해서 '우리는 모두 하나'라는 논거를 끌어들인다는 것은 비뚤어진 논리인 것 같습니다. 물론 모든 인간이 각자의 차이와 상관없이 **위협**받고 있습니다. 하지만 동물의 생명도 위협받고 있습니다. 여기서 '인간'은 적절한 범주가 아니라는 뜻입니다. '인간'을 전 지구적 재앙의 **주체**로 삼는 것이 얼마나 부조리한지는 동물을 재앙의 **대상**에 넣어보면 알 수 있습니다.

인간이라는 개념이 도덕적·정치적으로 얼마나 그렇게 쓸모 있는 개념인지 모르겠습니다. 인간에 대한 분명한 개념을 갖고 있어야 인간답게 행동할 수 있다고는 생각되지 않습니다. 인간에 관한 이론, 인간에 관한 개념이 사람들이 인간답게 행동하기 위한 필요조건은 아닐 겁니다. (당연히 충분조건도 아니겠지요.) 인간답게 행동할 수 있느냐는 저마다 주어진 생활 속에서 이러저러한 행동을 할 수 있느냐, 이러저러한 감수성을 발휘할 수 있느냐에 달려 있습니다. 개념을 이론적으로 해명하는 것이 윤리적 행동의 필요조건이라는 생각은 착각일 뿐입니다. 나를 포함해서 학자들의 문제 중 하나가 자주 그런 착각을 한다는 겁니다. 우리가 상황을 통제할 수 있다는 생각, 우리가 지금껏 상황을 제대로 통제해왔다는 생각은 착각입니다. 평소에도 그렇고, 전쟁 중에도 그렇습니다. 어떻게 일련의 우연한 사건들로부터 1차대전이라는 사건이 발생했는지, 어떻게 그 1차대전이 아무도 의도하지 않은 세상을 만들어낸 원인이 되었는지, 여러 역사가들이 알려주고 있습니다.

무슬림이 이러저러한 인간 개념에 동화해야 하나 말아야 하나라는 하나의 질문과 그에 대한 하나의 정답이 있다, 나는 그렇게는 생각하지 않습니다. 지금 무슬림이 대단히 어려운 상황에 있는 것은 분명한 것 같습니다. 어쨌든 많은 무슬림이 그렇습니다. 내 경우도 그렇다고 말할 수는 없습니다. 보고 싶지 않은 것, 듣고 싶지 않은 것, 읽고 싶지 않은 것이 나를 둘러싸고 있다고는 해도, 내가 처한 상황이 이제 막 유럽이나 미국으로 건너온, 가진 것도 거의 없고 차별과 적대, 심지어 폭력에 노출되어 있는 무슬림 이민자와 똑같다고 말할 수는 없습니다. 어쨌든 '진보한 부류의 인간'에게 심한 이슬람혐오증이 있다는 것은 부인할 수 없는 사실입니다. 지금은 이슬람혐오증이 반유대주의보다 훨씬 중대한 문제입니다. 반유대주의가 이 세상에서 사라졌다는 뜻이 아니라 나치 시대 유럽이나 2차대전 직전의 미국에서처럼 실질적 위협이 되는 것은 아니라는 뜻입니다. 반면에 이슬람혐오증은 실질적 위협이 **됩니다**. 서방에서 무슬림에게 체계적인 방식으로 폭력이 행사될 가능성을 충분히 생각해볼 수 있습니다. 지금 헝가리가 시리아 난민을 대하는 방식이나, 여러 유럽 국가에서

네오나치가 하는 방식은 거기에 비하면 아무것도 아닐지 모릅니다.

앞의 질문으로 돌아가 봅시다. 내가 생각했을 때는 어느 나라의 무슬림이냐, 어느 계층의 무슬림이냐에 따라 처한 상황이 다르고, 안고 있는 문제도 다릅니다. 교육받은 사람과 교육받지 못한 사람의 상황이 다르고, 말도 안 통하는 나라에 막 도착한 사람의 상황이 다릅니다. 모든 무슬림이 한가지 상황에 놓여 있는 것이 아니라는 뜻입니다. 이슬람혐오증이라는 적대적 감정은 이슬람 체류자라는, 유럽 안에 있다고 상상된 동질적 집단을 겨냥하고 있습니다. 이슬람혐오증을 일반화하는 것이 가능한 이유가 바로 여기 있습니다.

영국에 있을 때는 중동 관련 과목을 많이 가르쳤는데, 첫 수업에서 항상 했던 이야기가 있습니다. 몇백년 전 중세에는 유럽 안에 온갖 종족들이 섞여 있었고, 그중에는 기독교가 아닌 종교를 가진 종족들도 있었다, 시간이 가면서 기독교가 유럽 전체를 지배하게 되었다,라는 이야기였습니다. 그러면 그 다양한 종족과 다양한 종교는 지금 어디로 갔는가라는 질문이 나옵니다. 근대국가의 출현과 함께 없어졌습니다. 그래도 중동에는 아직 여러 종교와 종족과 관습이 다양하게 남아 있는 편입니다. 하지만 우리 중동 또한 유럽의 전철을 밟고 있습니다. 바로 그런 이유에서 나는 ISIS가 아무리 칼리파 부활을 운운한다 해도 이슬람 역사의 정통에서 벗어나는 근대적 동향에 불과하다고 생각합니다. 근대국가가 과연 다양한 차이를 아우를 수 있는가, 있다면 어느 정도까지 아우를 수 있는가, 그것은 아직 더 두고 봐야 할 문제입니다.

이와 관련해서 종종 화가 나는 것이 있습니다. 이른바 이슬람국가(IS, Islamic State)가 극악무도한 짓을 저지르고 있다, 사우디 정부가 예멘에서 끔찍한 짓을 저지르고 있다, 이집트 정부가 이집트에서 이러저러한 짓을 저질렀다, 모두 맞습니다. 하지만 서방 언론이 하는 이야기를 들어보면(어쨌든 그 말투를 들어보면), 그런 국가들이 저지르는 짓은 미국이나 유럽에서 저질러진 그 어떤 짓보다 끔찍하다, 비교를 불허하는 절대악이다,라는 식입니다. 혹시 오클라호마의 사형수 리처드 글로십(Richard Glossip)의 이야기를 기억하시는지 모르겠습니다. 사형판결의 근거는 실제로 살인을 저지른 범인의 증언, 곧 글로십으로부터 살인을 해주는 대가로 돈을 받고 일자리를 약속받았다는 증언이었습니다. (실제로 살인을 저지른 범인은 이 증언으로 사형을 면했습니다.) 글로십은 사형선고 이후 거의 20년간 형 집행을 기다리고 있습니다. 내가 이 예를 든 이유는 이 나라의 사형집행 방식도 사우디아라비아의 공개 참수 못지않게 잔인하다는 점을 지적하기 위해서입니다. 목이 잘

리는 게, 언제 형에 처해질지 모른 채로 몇년씩 독방에 감금돼 있다가 어느 날 독주사에 찔려 심한 고통 속에 죽는 일에 비해 뭐 그렇게 나쁘다는 건지 모르겠습니다. 정작 잔인한 것은, 국가가 어떤 사람들을 법에 따라 죽이라고 명령하고 있고 우리는 그 명령을 근거로 그 사람들을 의례적으로 죽이고 있다는 사실 자체입니다.

무슬림 세계의 끔찍한 일들을 욕한다고 해서 서방에서 벌어지는 끔찍한 일들이 옳은 일이 되는 것은 아닙니다. 내가 보기에는 서방에서도 똑같이 끔찍한 일들, 아니 더 끔찍한 일들이 벌어지고 있습니다. 사우디 사람들은 살인자라면 응당 공개 처형당해야 한다고 생각합니다. 처형을 공개하는 것이 잔인하고 비인간적이라는 개념이 없는 것입니다. 우리는 인도주의를 믿는다, 설사 사형수라 해도 인도적 대우를 받아야 한다고 믿는다,라고 서방의 자유주의자들은 말합니다. 하지만 일단 사형 개념을 인정해놓고 그런 말을 하는 것은 미끄러운 비탈길 논증에 불과하다고 보겠습니다. 미국의 여러 주에서는 피살자의 유족들에게 처형 장면을 직접 볼 수 있게 해줍니다. 살인자에 대한 복수가 이루어졌음을 확인시켜줌으로써 그들의 마음을 어떻게든 달래주는 것입니다. 자유주의자를 자처하는 사람들은 자기가 믿는 것이 뭔지 잘 모를 때가 많습니다. 자기가 믿는 것이 자기가 저지르는 행동, 또는 자기가 믿는 것 때문에 저질러지는 행동에 부합하지 않는다는 점을 잘 모를 때가 많다는 겁니다. 끔찍한 짓을 저지르는 IS 지지자들은 자기네한테 그런 짓을 저지를 자격이 있다고 믿고 있습니다. 비무슬림을 박멸해야 한다고 믿기 때문입니다. (그들이 말하는 비무슬림 중에는 스스로 무슬림이라고 생각하는 사람들도 있습니다.) 서방 사람들도 비슷합니다. 어느 쪽이 더하고 덜하고도 없습니다. 한편으로는 '인간'을 위한다는 것이 자기네들의 장점이라고 내세우면서 다른 한편으로는 인도주의의 이름으로 인간들에게 더없이 끔찍한 짓을 저지르는 자들이라면 정신분열증이 아니겠는가 한번 질문해볼 만합니다. 우리가 보기에 무고한 사람들을 죽이는 것은 그들뿐이 아니지만, 그런 사람들을 죽이면서 거기에 특별한 가치를 부여하는 것은 그들뿐입니다.

무슬림이 어떻게 해야 하는가라는 앞의 질문으로 돌아가자면, 글쎄요, 저마다 자기 나라에서 자기가 처한 상황에 맞는 전략을 개발해야겠지요. 하나의 정답은 없습니다. 모든 무슬림을 위한 하나의 공식을 만들 수는 없습니다. 나머지 주민들로부터 고립되는 전략 같은 것은 버려야 할 것입니다. 기회가 있을 때마다 무슬림이 아닌 사람들과도 손을 잡고 불의에 맞서야 할 것입니다. 무슬림이 당하는 불의뿐 아니라 비무슬림이 당하는 불의에도 맞서야 할 것입니다. 예컨대 아프리카계 미국인들도 갖가지 박탈과 차별을 겪고 있습니다. 참혹한 상황에 있는 가난한 사람들, 노동자와 실직자를 막론하고 억압받는 사람들과 연대할 수 있다는 생각, 그들과 공동 전선을 펼칠 수 있다는 생각이 있어야 할 것입니다. 무슬림은 **무슬림으로서** 그들과 최대한 연대해나가야 할 것입니다.

진지(laager) 안에 고립되어 있어서는 안 된다는 뜻입니다. 진지로 들어가 안전을 도모하는 것은 시오니스트의 해법입니다. 이렇게 자기네들만의 국가를 만들고 그 안으로 들어가면 (도덕적 비용은 들지만) 주변 세상을 모두 적으로 돌릴 수 있으니, 도덕적 비용에 대해서는 눈을 감을 수가 있습니다. 하지만 그런 해법이 통하려면 강국들의 지원과 비호가 있어야 합니다. 유대인들이 그런 진지에서 안전하게 살아가리라는 것은 시오니스트의 환상입니다. 그렇게 세계 열강의 비호를 받으면서 **인간이하**(Untermensch)의 속국 주민을 내리누르는 식으로 안전하게 살아가는 것이 파시스트에게는 당연히 이상적인 방안이겠지요. 하지만 서로 다른 집단에 속한 사람들이 함께 살아갈 때 생기는 문제를 해결하자면 어느 한 집단의 힘으로는 안 된다는 것, 근대 주권국가로는 안 된다는 것, 국가 안에서는 해법이 나올 수 없고 국가가 해법을 내놓을 수도 없다는 것을 알아야 합니다.

와일 할라크(Wael Hallaq, 컬럼비아대학 이슬람법 교수)가 근대국가를 신용하지 않는 것은 분명 올바른 태도입니다. 다만 무슬림 시민이 이슬람 율법의 가치를 토대로 근대국가에 도덕적 비판을 가하는 것이 그렇게 효과가 있을지 잘 모르겠습니다. 왜냐하면, 지금 근대국가가 어떤지 다들 알 텐데, 이런 근대국가가 그런 유의 비판을 적극 수용할 수 있으리라고는 생각되지 않습니다. 할라크가 『불가능한 국가』(*Impossible State*)에서 그런 말을 하기도 했고요. 내가 생각할 때 근대국가는 한편으로는 국내 자본주의 엘리트, 다른 한편으로는 세계 정치경제와 끊을래야 끊을 수 없이 얽혀 있는 괴물과도 같습니다. 하지만 근대국가가 엄연히 존재하는 것도 사실입니다. 가까운 미래에 사라지는 일도 없을 것입니다. 국가라는 것이 모순적이니 '불가능'하다니 해도 존재하는 것을 어쩌겠습니까. 이론적으로는 온갖 경이로운 세상을 상상할 수 있습니다. 하지만 그 유토피아를 **이론적으로** 상상하는 것과 실제로 구상하는 것, 어떻게 현실에서 작동시킬지를 구체화하는 것은 전혀 다릅니다.

적대와 증오를 이용해 이익을 얻는 사람들이 있습니다. 고립되겠다는 것은 그런 사람들의 손에 놀아나겠다는 뜻입니다. 내가 생각할 때 무슬림이 비무슬림으로부터 고립되는 것은 전혀 좋은 일이 아닙니다. 고립에 맞서는 간단한 공식을 만들 수는 없습니다. 각자 생각해내야 합니다. 그럴 때 중요한 것은 자기편이 가장 선하다, 자기편이 가장 큰 희생자다, 그렇게 생각하지 않는 일입니다.

주류 사회에 완전히 동화되는 것이 답이 되리라는 뜻이 아닙니다. 에마뉘엘 또드의 『샤를리는 누구인가?』(*Qui est Charlie*)라는 훌륭한 책에서 내가 동의할 수 없는 것이 바로 그 대목입니다. 또드는 무슬림 이민자가 "프랑스적인 것"에 동화되는 것이 답이라고 보고 있습니다. 그렇지만 내 생각은 다릅니다. 어쨌든 동화의 득실을 협상할 필요가 있습니다. 한쪽이 권력을 독점하고 있을 때는 협상이 쉽지 않습니다. 그래서 동화를 간단히 답으로 삼을 수 없다는 겁니다. 동화에는 더 불길한 측면도 있었습니다. 20세기 전반기에 인종차별적 유럽 사회에 '동화'한 유대인들의 경우였지요. 한편, 동화를 생각하려면 이른바 주류 사회의 대대적 개혁도 필요합니다. 그 전에는 무슬림이 '인간'이라는 개념에 동화해야 하는가 말아야 하는가라는 앞의 질문에 온전한 대답을 내놓을 수 없습니다. 덧붙여, 매우 아쉬운 점이 하나 있습니다. 아시아나 중동에서 미국으로 건너온 무슬림 이민자들과 그 2세들이 다른 배척받은 소수자들을 바라보는 방식 말입니다. 영국에서도 마찬가지이리라고 짐작됩니다만, 특히 미국에서 그들이 아프리카계 미국인들을 바라보는 방식은 꽤 괴상합니다.

하산 아자드 일부 무슬림의 인종차별은 믿을 수 없을 정도로 심합니다. 자기가 그렇다는 것을 자각하지 못하는 경우도 있습니다. 딸이 아프리카계 미국인, 그러니까 흑인과 결혼하겠다고 할 때 많이 나타나지요. 그 남자가 아무리 독실한 무슬림이라 하더라도 흑인이면 안 된다는 건데, 실로 역겨운 편견입니다.

탈랄 아사드 동의합니다. 이런 식의 태도에 맞서는 지속적 노력이 있어야 합니다. 우리에게 있는 것은 이런 유의 국가들입니다. 우리는 다 이런 유의 국가들로부터 시민권을 받아 살고 있습니다. (한나 아렌트라면 취약한 비시민들이라고 표현했을 난민들은 이 시대의 비극적 예외입니다.) 우리는 저마다 자기가 살고 있는 국가 내에 존재하는 언어와 제도와 관계로부터 나오는 가능성을 타진해야 하리라는 뜻입니다. 우리에게는 자기가 속한 커뮤니티가 다른 커뮤니티들과 어떻게 관계하는지에 대한 책임도 있고, 우리 삶에 영향을 미치기 시작하는 확장된 커뮤니티의 일원으로서의 책임도 있습니다. 이 확장된 커뮤니티는 한 국민국가 안에 형성되기도 하지만 여러 국민국가들을 가로질러 형성되기도 합니다. 그 점이 대단히 중요합니다. 지금 우리에게 있는 것은 국민국가이고, 살아생전에 국민국가가 사라져 없어지는 것을 볼 수 없겠지만, 국민국가 너머에서 온갖 관계들이 형성되고 있는 것 또한 틀림없습니다.

이슬람의 **움마**〔umma, 커뮤니티〕개념이 바로 그렇습니다. 움마는 국가의 확장형이 아닙니다. 모든 무슬림을 아우르는 세계국가 같은 것이 아니라는 뜻입니다. 오히려 윤리적 사유에 대한 요청 같은 것이라고 할 수 있습니다. 꾸란에는 '움마'의 다양한 용례가 나오지만, 영토 개념이나 모종의 정치체 개념과 연결되는 경우는 없습니다. 움마 논의에 자극이 되는 새로운 형태의 커뮤니티도 있습니다. 최신 기술력에 위험이 없는 것은 아니지만, 어쨌든 이제는 부정적인 면이 있는 만큼 긍정적인 면도 있는, 과거에 없던 새로운 형태의 상호작용에 참여하는 것이 가능해졌습니다.

바꿔 말해서, 무슬림들에게는 자기가 속한 사회에서 비무슬림들과 우호관계를 만들어나가는 일도 중요하지만, 다른 사회에 속한 무슬림들과 우호관계를 만들어나가는 일도 중요합니다. 그 한가지 방법으로, 이슬람의 **암르 빌 마루프**〔amr bil ma'ruf, 권선勸善〕개념을 국가의 영향권 밖에 있는 모종의 독립기구로 구현해보는 것도 가능합니다. 같은 지위에 있는 사람들끼리의 관계 방식이기도 하고 높은 지위에 있는 사람들과의 관계 방식이기도 한 암르 빌 마루프에서는 조언하는 것도 가능하고 질타하는 것도 가능합니다. 암르 빌 마루프가 조언하고 질타할 일차적 대상은 무슬림이지만, 비무슬림에게까지 확장되지 말란 법도 없습니다. 어쨌든 중요한 점은 국가에 이용되어서는 안 된다는 것, 통치 수단이 되어서는 안 된다는 것입니다.

하산 아자드 무슬림은 비인도적이지 않느냐, 이슬람은 비인간적이지 않느냐 하는 질문이 한창일 때 유엔 주재 사우디아라비아 대사 파이살 빈 하산 트라드(Faisal bin Hassan Trad)가 유엔 인권이사회 의장으로 선출되었지요. 선거는 6월에 있었는데, 주류 언론에서 뉴스가 된 것은 불과 몇주 전이었습니다. 상당한 공분을 자아낸 뉴스였지요. 소수자와 여성과 반체제 인사의 자유를 침해하는 정도에서 "세계 최고 기록 보유국이라고 할 수 있는" 나라가 어떻게 유엔 인권이사회 의장을 할 수 있겠느냐는 것이었습니다. 평자들은 한편의 "촌극"이라고 했고, 유엔워치 사무총장 힐렐 노이어(Hillel Neuer)는 "저렴한 유가가 인권을 이긴 사건"이라고 했습니다. 내가 볼 때 문제의 본질은 사우디아라비아에 참수가 있느냐 없느냐가 아닙니다. (올해 들어서만 백명이 참수당한 것으로 알려져 있습니다.) 문제의 본질은 사우디아라비아가 사람들을 참수할 **권리**가 있느냐입니다. '국가'는 폭력을 사용할 유일한 권리를 갖고 있습니다. 법이 그 권리를 주었습니다. 막스 베버도 그렇게 말했습니다. 사우디아라비아가 반체제 인사들을 참수하는 것이 ISIS/ISIL의 참수와 **다른 점**이 바로 여기 있습니다. 사우디아라비아는 합법적 정치체인 반면, ISIS/ISIL은 합법적 정치체가 아닙니다. 혹시 이 발언에 대해 논평이 있으십니까?

탈랄 아사드 사우디아라비아는 여러모로 안타까운 나라입니다. 특히 석유에서 나온 어마어마한 부를 생각하면, 정치를 그렇게밖에 못하는 것이 안타깝기 짝이 없습니다. 하지만 사우디 정치를 둘러싼 이런 세계정치와 국제관계 속에서 죄 없는 사람은 없습니다. 그런데도 사우디아라비아를 **유달리 지독한 나라**라는 식으로 말한다면 그것은 위선입니다. 미국이 지난 200년간 (혹은 더 긴 기간 동안) 저지른 악행의 총량은 사우디아라비아보다 더하면 더했지 덜하지 않다는 뜻입니다. 사우디아라비아를 옹호할 생각은 없지만, 사우디아라비아를 비난함으로써 이 나라 사람들을 기분 좋게 해주고 싶지도 않습니다.

자, 우리는 민주주의 국가에 살고 있습니다. 민주주의 국가의 국민은 정부가 하는 일에 책임이 있습니다. 사우디인들이 사는 나라는 그런 나라가 아닙니다. 독재 국가입니다. 왕가가 모든 일을 통제하고 모든 국민을 지배하는 나라입니다. 평범한 사우디인들은 지배당할 뿐입니다. 따라서 평범한 사우디인들은 사우디아라비아라는 나라가 하는 일에 책임이 없습니다. 모든 사우디인이 몇몇 사우디인이

하는 일에 책임이 있는 것도 아닙니다. 쌍둥이빌딩을 파괴한 범인들을 보니 과연 대부분 사우디인이라는 이야기가 아직 들립니다. 모든 사우디인이 그 비슷한 사람들이라는 이야기입니다. 하지만 모든 미국인이 학교에서 총기를 난사하는 정신질환자와 비슷한 사람들이라는 식의 이야기는 없잖습니까? 사우디아라비아에는 9·11 사건을 옳지 않은 일이라고 생각하는 평범한 사람이 많이 있습니다. 그리고 어쨌든 대부분의 사우디인들은 정부에 맞서는 일은 아무 것도 할 수 없습니다.

사우디아라비아는 예멘에서 그야말로 끔찍한 짓들을 저지르고 있습니다. (그러면서 미국과 유럽의 지지를 받고 있습니다.) 이런 잔혹 행위는 흔히 하는 말로, 용서받지 못할 죄입니다. 역사적으로 잔혹 행위가 없었다는 것은 아닙니다. 하지만 현대식 대량살상 무기가 사용된 뒤로 전쟁은 이루 말할 수 없이 참혹해졌습니다. 지뢰·집속탄(集束彈)·핵무기를 생각해봅시다. 자유주의자를 자처하는 사람들이 지뢰나 집속탄을 금지하려고 하지도 않고 핵무기를 폐기하려고 하지도 않습니다. (핵무기를 그것도 두차례에 걸쳐 사용한 것은 세계 최강의 민주주의 국가였습니다.) 사실 서방 정부들은 점점 정교해지는 살상무기의 생산을 장려하기도 하고 외국 정부에 판매하기도 합니다. 그 사실만 보더라도 우리가 참 지독한 세상에 살고 있다는 사실을 인정할 수밖에 없습니다. 물론 이런 세상에도 아직 훌륭한 면면이 없는 것은 아닙니다. 정의를 위해 기꺼이 자신의 안위를 희생하고 생명의 위험마저 불사하는 부끄럽지 않은 사람들이 많이 있습니다.

그러니 사우디아라비아에서 유엔 인권이사회 의장이 나온 데 대해 위선이 아니겠느냐는 질문을 당연히 제기할 수 있습니다. 위선 **맞습니다**. 하지만 국제정치에서 위선이 없었던 적이 있습니까? 이스라엘이 계속해서 국제법을 무시하고 팔레스타인인들을 잔인하게 억압하는 상황에서 이스라엘에 대한 미국의 태도는 위선이 아니면 뭐겠습니까? 국제형사재판소에 기소된 사람들 가운데 유럽인은 슬로보단 밀로셰비치(Slobodan Milosevic, 전 세르비아 대통령)를 빼면 단 한명도 없고 전부 아프리카인 아니면 아시아인뿐인 것은 왜겠습니까? 조지 W. 부시, 딕 체니, 도널드 럼스펠드, 토니 블레어——수십만명을 죽음으로 몰아넣고 수백만명을 난민으로 전락시키고 나라를 통째로 초토화시킨 주범들——가 인권침해로 기소당하는 일 없이 무사한 이유는 뭐겠습니까? 드론 살상과 특수부대 암살 작전을 승인하고 관타나모에 죄 없는 사람들을 계속 가둬놓는 결정을 재가하면서 고문에 대해서는 모르쇠로 일관하는 버락 오바마에게도 기대할 게 없습니다. 이런 정치가들 중에 그 누구도 기소당할 가능성은 없어 보입니다. 미국은 칠레에서는 쌀바도르 아옌데 정부를 무너뜨리면서 수천명의 사망자를 낸 쿠데타에 일조했고 이란에서는 민주적 절차에 따라 선출된 모하마드 모사데크 정권을 무너뜨리고 샤 독재를 부활시켰습니다. 하지만 미국이 이런 일로 기소되는 일은 결코 없을 것입니다. 책임 전가의 문제가 아닙니다. 그저 미국이 착한 나라, '인간'과 인본을 수호하는 나라라고 우기지 말자는 겁니다. 미국이 도덕적으로 우월한 나라라는 주장, 미국이 '전 지구적 리더십'(우회적인 표현입니다)을 행사할 절대적 권리가 있다는 주장에 의문을 제기하는 사람에게 신성모독죄를 묻지 말자는 겁니다.

성속(聖俗)을 넘어서

명료하게 논구되었을 때 소멸되지 않을 오류란 없다. —보브나르그

1. 탈랄 아사드와 인류학

『자살폭탄테러』가 어느 분야의 책인지를 한마디로 말하기는 쉽지 않다. 국가와 폭력에 대한 철학을 펼치고 있지만 철학책은 아니고, 기독교와 이슬람교가 조우한 역사를 써내려가고 있지만 역사책은 아니고, 중세 후기의 종교화나 최근 할리우드 영화를 분석하고 있지만 문화비평서는 아니다. 베버와 뒤르켐을 중요하게 인용하고 있지만 사회학 책은 전혀 아니고, 종교 개념에 주목하지만 신학 책은 전혀 아니다. 아우구스티누스와 마끼아벨리를 비교하기도 하고 호메로스나 카프카를 읽는 법을 소개하기도 하지만, 사상이나 예술 그 자체를 논하는 책은 아니다. 『자살폭탄

테러』가 어느 분과학문에 속하는지를 굳이 정해야 한다면, 인류학이 가장 유력할 것이다. 인류학을 빼놓고는『자살폭탄테러』의 저자 탈랄 아사드(Talal Asad, 1932~)가 지난 50여년간 걸어온 학문적 행보를 말할 수 없기 때문이다.

런던에서 건축학을 공부하던 아사드는 인류학으로 전공을 바꾼 후 에든버러대학에서 석사학위, 옥스퍼드에서 박사학위를 받았다.[1] 1968년에 나온 박사논문「카바비시족 연구: 한 아랍계 유목민 부족의 권력, 권위, 합의」는 5년간 수단에 체류하면서 진행한 현장연구의 성과물이었다.[2] 인류학 하면 서구의 연구자가 아프리카나 남태평양 같은 이국적 지역의 원주민을 관찰하는 이미지가 연상되기도 한다. 이국적 부족의 원시성을 강조하는 많은 인류학 연구들을 떠올려본다면, 그런 이미지가 인류학의 진실과 전혀 무관하다고는 할 수 없다. 이른바 원시 통치체의 자연발생성을 가정하는 인류학이라면 현대사회의 통치형태를 정당화하는 이데올로기와 모종의 관계가 있지 않겠느냐는 추론

---

1 뉴욕시립대학(CUNY) 홈페이지 참조. 아사드는 현재 CUNY 대학원 센터 인류학 석좌교수로 재직 중이다.

2 Talal Asad, *The Kababish Arabs: Powers, Authority and Consent in a Normadic Tribe* (London: Christopher Hurst 1970) 2면, "The Anthropological Skepticism of Talal Asad," David Scott and Charles Hirschkind, in *Powers of the Secular Modern: Talal Asad and His Interlocutors* (Stanford 2006) 3면에서 재인용.

도 가능해진다. 아사드의 「카바비시족 연구」는 얼핏 보면 바로 그런 전형적인 주류 인류학 저술인 것 같다.

하지만 실제로 아사드의 연구는 오히려 주류 인류학에 반기를 드는 작업이었다. 아사드가 주류 인류학에서 특히 문제라고 여긴 것은 원시 통치체를 연구함으로써 결국 통치 일반의 순기능성을 증명하고자 한다는 사실이었다. "(고전적 기능주의는) 통치를 자연적 질서의 일부로 보기 때문에 통치의 문제적 성격을 발견하기란 불가능하다"라는 것이 그에 대한 아사드의 비판이었다.

1970년대는 영국 인류학이 밖으로부터의 비판에 휩싸이는 시기였다. 영국 인류학이 영국의 식민통치를 정당화했다, 인류학은 식민통치의 하수인이요 인종차별의 원흉이다,라는 유의 비판이었다. 1960년대 말에 출간된 말리노프스키(Bronislaw Kasper Malinowski, 1884~1942)[3]의 사적인 일기는 인류학에 대한 부정적인 이미지를 확산시킨 요인 가운데 하나였다.

이 논란의 와중에 아사드는 물론 인류학이 변화해야 하리라는 입장이었지만, 인류학자와 식민주의가 공모한다는 식의 비판에는 그다지 동의를 표하지 않았다. 인류학이라는 분과학문에 그 정도로 큰 정치적 의의가 있다고는 생각

---

3 20세기 최고의 인류학자 중 하나.

지 않았던 것이다. 아사드가 편집한 논문집 『인류학과 식민적 조우』(1973) 또한 인류학에 대한 규탄이나 옹호가 아니라 인류학 특유의 분석틀로 빚어지는 인류학 특유의 지식이 존재한다는 인류학자의 자성이었다. "인류학은 자기가 어떤 세계에 속해 있는지를 이해해야 할 뿐 아니라 그 세계가 어떻게 그 이해에 영향을 미치는지를 이해해야 한다"라는 편집자 서론의 한 대목은 아사드가 인류학이라는 자기의 학문에 어떠한 태도로 임했는지를 짐작케 해준다.[4]

그렇지만 아사드가 자성에서 이야기를 끝낸 것은 아니었다. 인류학이라는 문제적 담론에 대한 자성은 인류학자 아사드에게는 결론이 아니라 출발점이었다. 다시 말해, 기능주의 인류학이 원시 통치체에서 통합과 합의를 찾는 방향으로 작동한다는 자성은 그런 방향성을 만들어낸 구체적인 역사, 곧 근대 식민주의의 역사를 추적하는 출발점이었다. 인류학 담론과 함께 아사드가 연구의 출발점으로 삼은 문제적 담론들 중에는 오리엔탈리즘, 곧 중동학 담론도 있었다.[5] 이슬람 사회를 재현하는 오리엔탈리즘에서 아사드는 특히 지배층의 폭력과 피지배층의 무력한 복종이 유

---

4 Talal Asad, "Introduction," in *Anthropology and the Colonial Encounter*, Talal Asad (ed.) (London: Ithaca Press 1973) 12면, Scott and Hirschkind, 3면에서 재인용.

5 Scott and Hirschkind, 4면.

독 강조된다는 사실에 주목했다. 물론 오리엔탈리즘에 대한 아사드의 연구방향 역시 담론 자체를 이론적으로 분석하는 방향이 아니라 담론이 배태된 맥락을 역사적으로 추적해나가는 방향이었다. 텍스트 비판론이 아닌 콘텍스트 계보학이었다.

1980년대의 아사드는 활동무대를 영국에서 미국으로 옮겼다. 그러면서 아사드가 가장 주목하게 된 문제적 텍스트가 바로 "종교 대 세속"이라는 개념 쌍이었고, 이 텍스트가 불러낸 콘텍스트가 바로 근대 서구라는 특수한 시공간이었다. 아사드가 보았을 때 '세속'과 '종교'는 본질적으로 대립하는 개념이 아니었다. '세속'과 '종교'를 대립시킨다는 것이 문명 발전의 척도인 것도 아니었다. '세속'과 '종교'가 대립한다고 보는 것은 그저 근대 서구라는 특정 시공간의 문제적 사유방식이었다.

종교는 예전에 인간의 조건이었다, 근대로 접어들면서 법률·과학·정치 등이 종교로부터 분리되었다,라고 보는 것은 19세기 진화론의 사유방식이다.[6]

---

6 Talal Asad, "Religion as an Anthropological Category," 27면. 이 논문이 *Genealogies of Religion: Discipline and Reason of Power in Christianity and Islam* (Baltimore, MD: Johns Hopkins University Press)로 엮여 나온 것은 1993년이지만, 이 논문의 첫 버전이 나온 것은 그로부터 10년

세속사회란 서구에서 근대국가의 형성과 함께 출현한 그 모든 일들, 곧 공적 영역과 사적 영역이 법적으로 분할된 일, '종교'를 법으로 사적 영역에 국한시켜야 한다는 정치적 합의가 도출된 일, 도덕적 개인주의라는 이데올로기가 만들어진 일, 정신적 주체의 비중이 감소한 일, 육체적 차원이 격상된 일, 그밖에 다양한 개인적 감정이 만들어진 일 등을 토대로 세워진 근대의 구성물이다,라는 것이 나의 주장이다.[7]

아사드의 작업이 인류학이라면, 그것은 근대 서구의 척도를 따르는 인류학이 아닌, 근대 서구 그 자체를 연구 대상으로 삼는 인류학이었다.

2. 아사드의 주요 저술

아사드의 첫번째 주저라고 할 수 있는 『종교의 계보들』

전이었다. "Anthropological Conceptions of Religion: Reflections on Geertz," *Man* (n.s.) 18, no. 2 (1983) 237~59면 참조.

7 Talal Asad, *Thinking about Secularism and Law in Egypt* (Leiden ISIM 2001, ISIM papers 2) 1면. 이 글은 나중에 *Formations of the Secular: Christianity, Islam, Modernity* (Stanford University Press 2003)에 수정된 형태로 실렸다.

이 나온 것은 박사논문이 출간되고 20여년 만인 1993년이었다. 영국 시절부터 썼던 논문 여덟편과 서론을 묶은 책인데, "서구의 문화적 헤게모니를 연구 대상으로 삼는 역사적 인류학"이라는 것이 이 책에 대한 아사드 자신의 소개말이었다.[8]

그의 대표작이라고 할 수 있는 『세속의 형성』이 나온 것은 그로부터 10년 뒤인 2003년이었다. 이 책에는 논문 일곱편, 그리고 서론이 포함되어 있다. 이 책에서 특히 흥미로운 점은 흔히 초역사적 보편성의 담지체(擔持體)로 여겨지는 인간, 육체, 감각 등을 세속시대의 역사적 구성물로 다룬다는 사실이다. "생활형태가 달라지면, 인간의 육체를 바라보는 태도(고통, 신체 손상, 노화와 죽음, 물리적 자기동일성, 신체 성장과 성적 쾌락을 바라보는 태도)는 어떻게 달라지는가? 감각 — 청각, 시각, 촉각 — 이 어떻게 구조화되어야 그와 같은 그런 태도들이 발생하는가? 법은 어떤 방식으로 특정 관행과 특정 주의주장을 '인간적인 것'과 '비인간적인 것'으로 나누게 되는가?"라는 질문을 던지는 책이다.[9]

그리고 드디어 2007년에 『자살폭탄테러』라는 논문 세편

---

8 *Genealogies of Religion*, 24면.

9 *Formations of the Secular*, 17면.

분량의 저서가 나왔다. 아사드의 세번째 저서이고 아직까지는 가장 최근 저서라고 할 수 있다. 물론 『자살폭탄테러』는 앞의 두 연구서와 구별되는 면도 있다. 『세속의 형성』과 『종교의 계보들』이 각각 10년여, 20년여의 연구 성과를 집성한 대작인 반면, 『자살폭탄테러』는 비교적 얇다. 9·11 사건이라는 구체적 계기가 있었다는 것도 다른 연구서들과 다른 점이다. 제목에 '자살폭탄테러'라는 말이 들어가면 '세속'이니 '종교'니 하는 책보다는 많이 읽힐 것 같기도 하고, 실제로 《뉴욕 타임스》에 서평이 실리기도 했다.[10]

하지만 『자살폭탄테러』의 내용이나 밀도가 『세속의 형성』이나 『종교의 계보들』에 비해 대중적이냐 하면 꼭 그렇지만은 않다. 일단 아사드가 학술적 작업과 대중적 작업을 구분하는 것 같지는 않다. 아사드의 주요 작업들이 독자에게 요구하는 것은 특정 분과학문의 지식보다는 지식 자체를 의심할 수 있는 유연함과 대범함이다. 『자살폭탄테러』는 그 점에서 예외가 아닐 뿐이다. 다만 아사드의 다른 작업에 비해 『자살폭탄테러』라는 책에 대중적 관심이 쏠린다면, 그 이유는 저자가 이 책을 쓰면서 느꼈던 분노와 슬

---

10 『자살폭탄테러』의 논의 자체에 주목하는 서평은 아니다. 예를 들면, 서평자는 『자살폭탄테러』에서 개진하는 국가론과 폭력론을 "분노에 휩싸인 저자"의 감정적인 반응으로 일축하고 있다. http://www.nytimes.com/2007/07/29/books/review/Power-t.html?_r=0 참조.

폼과 번민을 많은 독자들이 공유하고 있기 때문일 것이다. 정념에 휘둘린다면 논리가 아니겠지만 논리를 펼치는 동력은 정념이 아닐 수 없음을 『자살폭탄테러』는 새삼 일깨워주기도 한다.

물론 아사드는 『자살폭탄테러』 이후로도 글을 발표하거나 인터뷰에 응하는 등 다양한 매체에서 활발히 활동하고 있다. 그중에서 이 책 부록으로 실은 글은 《월간 이슬람》과의 2015년 인터뷰다. 아사드의 가장 최근 모습 가운데 하나라는 점에서도 흥미롭지만, 영어권 무슬림이라는 서방 내 비주류 그룹의 고민과 비전을 일별할 수 있다는 점에서도 흥미롭다. 폭력의 역사에 의해 구성된 '인간' 개념으로부터 비주류의 정체성에 기반하는 초국가 비폭력 연대의 비전까지 다양한 차원의 논의를 자유롭게 넘나드는 것은 과연 인터뷰의 특권이다.

3. 슬라보이 지젝과 아사드

물론 아사드가 근대 서구라는 시공간을 종교와의 관계 속에 풀어내는 유일한 논자는 아니다. 종교가 각종 국제 분쟁의 화두가 된 이래로, 기독교와 세속적 근대의 연속성을 지적하는 학자들이 여러 방면에서 점점 많이 등장하고 있다. 그중 가장 설득력이 있는 것은 아닐지 몰라도 가장 인기 있다고는 할 수 있을 논자가 슬라보이 지젝(Slavoj Žižek)이다. 특히 그의『꼭두각시와 난쟁이: 기독교의 도착적 핵심』(*The Puppet and the Dwarf: The Perverse Core of Christianity*)[11]은 근대적 사유의 원류를 예수의 죽음이라는 기독교적 사건에서 찾되 근대 자체가 모종의 병리일 가능성을 배제하지 않는다는 의미에서 아사드의 종교 관련 논의들과 일맥상통하는 면이 있다.

이렇듯 근대적 사유의 근간에 비딱한 시선을 던지는 두 사람을 비교해본다면 중요한 결론이 나오지 않을까 기대도 들지만, 과연 두 사람을 의미 있게 비교하는 것이 가능할까 싶을 만큼 달라도 너무 다른 두 사람인 것도 사실이다. 두 사람의 논의를 비교·분석하는 글을 찾다 보면, 역사학자 존 도커(John Docker)의 글 한편이 눈에 들어온다. 무려 아사드의『세속의 형성』과 지젝의『꼭두각시와 난쟁이』를 비교하는 서평인데, 아사드가 누구인지 잘 모르고 지젝이 무슨 말을 하는지 헷갈리는 독자들에게 특히 도움이 되는 글이다. 아사드의 주요 통찰을 소개하는 대목을 읽다 보면『세속의 형성』이 읽고 싶어지고, 기독교·유대교·불교·이교를 종횡무진 넘나드는 지젝의 현란한 논의

---

11 국내에는 "죽은 신을 위하여"라는 제목으로 번역되어 있다.

를 요약해주는 대목을 보면 시원하면서도 조금 허탈하다. 어쨌든 도커는 아사드와 지젝을 각각 "학자들의 평화롭고 아름다운 정원에서 앎을 성찰하는 만다린"과 "놀이공원에서 저글링을 하는 곡예사"에 빗대며 두 사람의 근본적 차이를 인정하면서도,[12] 결론적으로는 아사드의 손을 번쩍 들어주고 있다.

『세속의 형성』(159, 164~68면)에서 아사드는 유럽과 비(非)유럽을 명확하게 구분 지으려는 서구 오리엔탈리즘의 욕망에 의문을 제기하면서 이슬람이라는 라벨을 달고 있는 많은 사람들이 실은 헬레니즘 문화의 계승자들이라는 점과 무어인들이 에스빠냐를 통치하던 중세에는 무슬림들과 기독교인들과 유대인들 사이에 다양한 접촉과 소통이 있었다는 점을 지적하고 있다(168면).『꼭두각시와 난쟁이』는 레비나스(Emmanuel Levinas)의 '타자' 개념에 큰 반감을 드러내지만, 그럼에도 이교-다신교의 오리엔트를 모종의 절대적 타자로 개념화한다. 지젝에게 기독교 유럽은 '절대적 일자'(the Absolute One)다.[13]

---

12 John Docker, "Review of Asad and Žižek," *Political Theory*, vol. 33, no. 2 (April 2005) 304면.

13 위의 글 308면.

4. 주디스 버틀러와 아사드

도커의 서평이 지젝이라는 스타 철학자와 아사드를 비교함으로써 아사드를 돋보이게 만든 경우라면, 『비평은 세속적인가?』[14]라는 책은 주디스 버틀러(Judith Butler)라는 스타 철학자가 직접 아사드를 돋보이게 만들어준 경우였다. 이 책에는 아사드의 글 가운데 가장 많이 인용되는 것 중 하나인 「언론의 자유, 신성모독, 세속적 비판」(Free Speech, Blasphemy, and Secular Criticism), 그리고 아사드의 제자 사바 마흐무드(Saba Mahmood)의 글, 그리고 이두 글에 대한 버틀러의 논평, 그리고 그 논평에 대한 아사드와 마흐무드의 답변, 그리고 이 다섯편의 글을 한데 엮는 웬디 브라운(Wendy Brown)의 서론, 이렇게 총 여섯편의 글이 들어 있다. 어떻게 봐도 아사드를 위해 만들어진 이 책에서 왜 버틀러가 군이 아사드의 들러리 역할을 맡아주었을까 얼핏 의아스럽기도 한데, 아사드와 마흐무드의 글이 원래 "비평은 세속적인가?"라는 제목의 UC 버클리 타운센트 인문학 연구소 심포지엄 발표문이었다는 것, 버틀러가 이 심포지엄의 주최자 중 하나였다는 것, 그리고

---

14 Talal Asad et al, *Is Critique Secular?: Blasphemy, Injury, and Free Speech* (The Townsend Center for the Humanities at the University of California, Berkeley 2009).

버틀러의 파트너인 웬디 브라운이 서론 필자라는 것 등등
의 사정이 개인적 아량의 동기를 설명해주지 않을까 싶다.

물론 아사드의 「언론의 자유, 신성모독, 세속적 비판」이
유명인사의 홍보에 의지해야 하는 글은 아니었다. 오히려
『비평은 세속적인가?』가 책 한권으로서의 묵직함을 유지
할 수 있는 것이 「언론의 자유, 신성모독, 세속적 비판」 덕
분이라고도 할 수 있다. 2005년 덴마크의 한 신문에 예언
자 무함마드를 소재로 한 카툰이 실렸다. 많은 무슬림이
이 카툰을 예언자 무함마드에 대한 모욕으로 받아들이면
서 격렬하게 항의했고, 서방 언론들은 무슬림의 격렬한 항
의가 언론의 자유를 침해하는 행위라고 비난했다. 「언론의
자유, 신성모독, 세속적 비판」은 이 사건에서 출발한다.

이 카툰 사건에서 무슬림들과 비(非)무슬림들은 대단히
놀라운 태도를 보였다. 하지만 이 논문은 그런 태도들
을 변호하거나 비판하고자 하는 글이 아니라 세속적 자
유주의 사회에서 신성모독 ——종교적 개념——이 어디에
위치해 있는지를 생각해보고자 하는 글이다. 이제부터
나는 신성모독을 여러 각도에서 생각해보면서, 신성모
독이 자유주의 유럽에 상존하는 몇몇 도덕적·정치적 문
제들의 결정체라는 논의를 펼칠 것이다. 요컨대 내가 다
루고자 하는 것은 이슬람 사유 및 행태의 전통이 아니라

우리 모두가 거하고 있는 근대적 세속적 조건들이다.[15]

이렇듯 「언론의 자유, 신성모독, 세속적 비판」은 시사적인 이슈에서 출발해 근대 서구의 개념틀에 대한 문제 제기로 나아간다는 점에서 『자살폭탄테러』와 비슷한 전개를 보여주는 글이기도 하다. 『자살폭탄테러』가 자살테러 규탄, 자살테러자의 심리분석, 자살테러에 대한 경악을 성찰함으로써 근대 서구의 자유민주주의에 내재하는 모순들을 폭로한 것처럼, 「언론의 자유, 신성모독, 세속적 비판」은 종교적 독단(불관용과 반反계몽)과 세속적 비판(자유와 이성)의 대립을 계보학적으로 추적함으로써 근대 철학의 핵심인 비판 개념 그 자체를 탈신비화하고 있다.

아사드의 이런 계보학적 방법론에 주목하면서 아사드를 니체와 푸꼬의 후예로 설명하려고 하는 논자들도 적지 않은 것 같은데, 아사드에게는 이런 설명이 썩 반갑지 않은 것 같다. 계보학이란 니체와 푸꼬가 점령한 방법론의 한 영토가 아니라 개념의 아포리아에 부딪힌 사유가 언어의 공회전에 소모되는 대신 삶의 질문들에 대한 유의미한 답변이 되기를 원할 때 들어서게 되는 열린 길이기 때문이

---

15 Talal Asad, "Free Speech, Blasphemy, and Secular Criticism," *Is Critique Secular?*, 21, 56면.

다. 아사드가 『자살폭탄테러』에서 니체에 대한 유보적 태도를, 「언론의 자유, 신성모독, 세속적 비판」에서 푸꼬에 대한 유보적 태도를 굳이 표명하는 것도 그 때문이리라 짐작된다.

5. 이슬람과 아사드

아사드의 주요 작업들을 훑어본 독자는 많은 평자들이 아사드의 작업을 "이슬람에 대한 연구"라고 부른다는 것이 의아스러울 것이다.[16] 아사드가 이슬람에 대한 서방 논자들의 무리한 주장을 비판하는 맥락에서 이슬람에 대한 지식을 꺼내는 경우가 없지는 않지만, 아사드의 관심사는 이슬람 자체가 아니라 이슬람을 하나의 종교로 포함하고 있는 오늘날의 세속사회 전체이기 때문이다. 또 2015년 인터뷰에서도 확인할 수 있듯이, 아사드는 이슬람이라는 가치척도로 현대사회를 비판하는 것은 무의미하다고 보며,

---

16 그중 하나가 주디스 버틀러라는 것도 흥미롭다. *Parting Ways: Jewishness and the Critique of Zionism* (New York: Columbia University Press) 14면 참조. 국내에는 『지상에서 함께 산다는 것: 이스라엘 팔레스타인 분쟁, 유대성과 시온주의 비판』이라는 제목으로 번역되어 있고, 문제의 대목은 "이슬람의 아사드"로 번역되어 있다.

그런 의미에서 이른바 이슬람 학자들과는 분명히 다른 길을 가고 있다. 그런데도 많은 평자들이 아사드를 이슬람 학자로 거론하는 것을 보면, 학계를 포함한 서방 주류 사회에 강력한 비판을 제기하고 있는 아사드를 지엽적인 분과학문 연구자로 가능한 한 밀쳐놓고 싶은 건가 하는 의혹이 생기기도 한다.

그런 불편함을 일단 접어놓고 생각하면, 이슬람은 사실 아사드의 정체성과 학문풍경에서 중요한 부분을 차지하고 있다. 이름부터가 탈랄 아사드 아닌가. 다만 무슬림이라는 정체성 자체가 얼마나 복잡다단할 수 있는지를 아사드 자신의 족보가 말해주고 있다.

아사드의 아버지 레오폴트 바이스(Leopold Weiss, 1900~91)는 유대계 오스트리아인으로 태어났다. 어린 시절에는 랍비가 되는 교육을 받기도 했고, 빈대학에서 예술사·철학을 공부하기도 했지만, 대학을 중퇴한 후《프랑크푸르트 차이퉁》특파원으로 중동을 여행하면서 이슬람으로 개종하고 무함마드 아사드로 개명했다. 메카에 머물 때 사우디아라비아의 건국자 이븐 사우디와 친해졌고, 영국의 물밑 지원을 받은 반란세력을 진압하는 데 일조하기도 했다. 사우디 무슬림 무니라(Munira)와 결혼했고, 아들 탈랄이 태어난 1932년에는 영국령 인도로 건너가 이슬람의 제2경전이라고 불리는『부카리의 하디스』(Sahih al-Bukhari) 영어 번역 작업에 몰두했다. 2차대전 때는 적국인이라는 이유로 영국군에게 체포당해 전쟁 기간 내내 감옥에 갇혀 있어야 했다. (그동안 그의 부모는 홀로코스트에 희생당했고, 아내 무니라와 아들 탈랄은 그의 인도 친구들이 보호해주었다.) 인도 해방 이후에는 파키스탄 이슬람공화국이라는 새로운 나라를 세우는 데 중요하게 기여했고, 건국 이후 새 나라 정부에 헌신했다. 공직에서 물러난 후에는 베스트셀러 자서전 『메카로 가는 길』(*Road to Mecca*, 1954)[17]을 썼다. 필생의 역작은 꾸란을 영어로 번역하고 해석을 붙인 『꾸란의 메시지』(*The Message of The Qur'an*, 1980)였다.[18]

탈랄은 아버지의 나라 파키스탄에서 기독교계 기숙학교에 다녔고, 아버지의 권유로 영국에 건너가 2년간 건축학을 공부했다. 그가 한 인터뷰에서 술회했듯이, 아버지의 이슬람이 현대사회의 역동적 구성물이자 구성요소였다면, 어머니의 이슬람은 현대사회와의 거리를 만들어주는 사라진 고향이었다.

물론 어머니는 독실하고 생각 없는 무슬림이었습니다. 이제 와서 생각하니 내가 어머니한테 얼마나 많은 것을

---

17 국내에도 같은 제목으로 번역되어 있다.

18 https://en.wikipedia.org/wiki/Muhammad_Asad 참조.

배웠는지 그때는 미처 몰랐던 것 같습니다. 아버지에게 이슬람은 일차적으로는 머릿속의 어떤 이념, 어떤 청사진이었습니다. 아버지는 지식인이었으니까요. 반면에 어머니에게 이슬람은 체화되어 있는 무반성적 생활방식이었습니다. 대부분의 보통 사람들이 그랬으니까요. 내가 종교에 점점 관심을 갖게 된 것은 사실입니다. 하지만 아직도 나는 종교학과 사람들이 계속 내게 강연을 청탁하는 것에 놀라곤 합니다. 내가 종교학이라는 분과 학문 쪽을 그렇게 잘 알고 있는 것 같지는 않습니다. 종교를 논하는 수많은 저술이 있는데, 나는 그런 것에 대해 거의 모릅니다. 실은 나에게 '종교'란 맑스주의와 인류학의 몇몇 이론들을 통해 정치적·개인적 경험을 설명해보려는 노력의 일환이었습니다. 그러다가, 좋다, 나는 종교에 대해서 비판적 태도를 갖고 있다, 그러면 종교의 역사를 공부하면 되지 않나?라고 생각하게 됐습니다. '모더니티'에 관심이 있었던 나는 종교개혁에서 출발해 근대를 다루는 연구를 하고 싶었습니다. 물론 그런 연구서를 내지는 않았습니다. 다만 『종교의 계보들』 1장을 보면 내가 원래 어떤 책을 쓰려고 했는지 짐작이 됩니다. 개인적 신앙을 종교의 중요한 요소로 보는 것은 일부의 (근대적인) 종교뿐이라는 것을 나는 기독교의 역사를 공부하면서도 점점 확인했습니다. 공부를 할수록

종교를 체화된 실천이자 규율로 보는 중세 기독교의 종
교 개념에 점점 흥미를 느꼈습니다. 기독교의 역사를 공
부함으로써 비로소 내 어린 시절의 종교 전통, 곧 이슬
람 전통의 몇몇 측면들을 좀더 잘 이해하게 됐다, 그 전
통을 새로운 눈으로 볼 수 있게 됐다,라고 말할 수 있겠
습니다.[19]

이렇듯 그에게 이슬람이라는 고향은 그의 모더니티 연구
를 위한 자산이다. 그의 수호천사는 하나의 종교를 창시한
예언자 무함마드가 아니라 철학을 파괴한 철학자 비트겐
슈타인이다.

김정아

추신: 옮긴이의 말이 이렇게 호들갑스러운 건 아사드의 본격적 저서
를 우리말로 번역하는 일을 맡았다는 뿌듯함과 아사드의 진가를 알
려야 한다는 부담감 탓으로 돌리고, 아사드의 글 자체는 참 담백하
고 중후하다는 말만 덧붙이겠습니다. 작업할 때 책도 같이 읽어주시
고 논평도 해주신 미래, 승경, 인휘, 하늘, 인터뷰 번역을 도와주시고
지젝과 버틀러를 떠올려주신 김유경 편집자, 감사합니다.

---

19 Janell Watson, "Modernizing Middle Eastern Studies, Historicizing
Religion, Particularizing Human Rights: An Interview with Talal
Asad," *Minnesota Review*, no. 77 (2011, new series) 94면.

찾아보기

지은이 탈랄 아사드(Talal Asad)
뉴욕시립대학(CUNY) 대학원센터 인류학 석좌교수. 1932년 사우디아라비아에서 태어나 옥
스퍼드대학에서 박사학위를 받았다. 포스트콜로니얼리즘·기독교·이슬람 연구에 크게 기여했
으며 모더니티의 필수요소로서 종교와 세속주의의 문제에 관심을 기울이고 있다. 지은 책으로
『세속의 형성』(*Formations of the Secular*, 2003) 『종교의 계보들』(*Genealogies of Religion*, 1993)
등이 있으며, 『인류학과 식민적 조우』(*Anthropology & the Colonial Encounter*, 1973)의 책임편
집을 맡았다.

옮긴이 김정아(金廷娥)
영문학 석사, 비교문학 박사. 연세대와 한국외대에서 문학과 번역을 가르친다. 옮긴 책으로는
『죽은 신을 위하여』『역사: 끝에서 두번째 세계』『폭풍의 언덕』『오만과 편견』『발터 벤야민 또
는 혁명적 비평을 향하여』『발터 벤야민과 아케이드 프로젝트』『사람을 위한 경제학』『슬럼,
지구를 뒤덮다』『감정 자본주의』 등이 있다.

자살폭탄테러
테러·전쟁·죽음에 관한 인류학자의 질문

초판 1쇄 발행 / 2016년 10월 28일

지은이 / 탈랄 아사드
옮긴이 / 김정아
펴낸이 / 강일우
책임편집 / 김유경
조판 / 황숙화
펴낸곳 / (주)창비
등록 / 1986년 8월 5일 제85호
주소 / 10881 경기도 파주시 회동길 184
전화 / 031-955-3333
팩시밀리 / 영업 031-955-3399 편집 031-955-3400
홈페이지 / www.changbi.com
전자우편 / human@changbi.com

한국어판 ⓒ (주)창비 2016
ISBN 978-89-364-7311-2 03300